Otimismo todo dia

18ª edição
Fevereiro 2024
Do 254º ao 264º milheiro

Coordenação editorial
Ronaldo A. Sperdutti

Capa e projeto gráfico
Juliana Mollinari

Diagramação
Juliana Mollinari

Assistente editorial
Ana Maria Rael Gambarini

Impressão
Centro Paulus de Produção

Proibida a reprodução total ou parcial desta obra sem prévia autorização da editora.

© 2022-2024 by Boa Nova Editora.

Av. Porto Ferreira, 1031
Parque Iracema
CEP 15809-020
Catanduva-SP
17 3531.4444

www.**boanova**.net
boanova@boanova.net

Impresso no Brasil.
18-2-24-10.000-264.000

LOURIVAL LOPES

Otimismo todo dia

Dados Internacionais de Catalogação na Publicação (CIP)
(Câmara Brasileira do Livro, SP, Brasil)

```
Lopes, Lourival
   Otimismo todo dia / Lourival Lopes. --
1. ed. -- Catanduva, SP : Editora Otimismo, 2021.

   ISBN 978-85-86524-89-9

   1. Espiritualidade 2. Mensagens 3. Orações
4. Otimismo - Citações, máximas etc. 5. Reflexões
I. Título.
```

21-83285   CDD-808.882

Índices para catálogo sistemático:

1. Otimismo : Citações : Coletâneas : Literatura
    808.882

Maria Alice Ferreira - Bibliotecária - CRB-8/7964

Amigo leitor (a):

Este livro é como uma espiga de otimismo. As mensagens são grãozinhos, destinados a operar em você positivas transformações, afastando o estado de alma negativo e depressivo.

Uma mensagem, após outra, tem o dom de construir um mundo interno melhor, deslocar o pessimismo e firmar padrões de conduta que nem o vento e o terremoto das dificuldades podem abalar.

Os 365 grãozinhos de otimismo, que aqui se encontram, farão você mais feliz porque aumentarão a sua convicção na força que possui. Caso queira, coloque a data na mensagem, em sequência, abrangendo todo o ano.

Os grãozinhos são irmãos, porque filhos da mesma mãe, mas são todos diferentes. Estão unidos por uma única raíz, uma única origem, o otimismo, mas têm individualidade, vida e sentido próprios, e causam o bem-estar de acordo com a sua natureza. Cobrem aspectos da vida diária das pessoas, preenchendo-as de esperança, vitalidade e paz.

Um abraço amigo,
Lourival Lopes

Aos meus netos.

1

Está começando um novo ano e você tem pela frente o dia de hoje e mais trezentos e sessenta e quatro para se fazer como pessoa.

Desde este primeiro dia, convença-se de que o verdadeiro sucesso está dentro de você. E expresse esta convicção:

Este será um ano bem sucedido. Vencerei minhas fraquezas. Serei otimista todos os dias. Terei sempre uma palavra de fé e um olhar confiante. Manterei absoluta crença em mim e em Deus, ciente de que nada pode me prejudicar. A partir de agora sou mais feliz.

Caminha firme quem sabe para onde vai.

2

Não pense que sempre carregará por dentro um desconforto, uma dor e um problema.

A questão de ser feliz ou não é a de saber trabalhar consigo e de se colocar bem perante os acontecimentos e as pessoas.

Você é feliz. A felicidade está dentro de você, palpitando, esperando ser buscada. No seu interior estão latentes a harmonia, a sabedoria, a alegria, a beleza e a vida superior, esperando germinar. São um tesouro, virtudes que dormem em você, sementes de vida nova, inteligência e sentimentos ainda não usados.

Creia ser feliz e será.

Por haver se renovado, o homem deixou a prisão e foi ensinar o amor.

3

Quem pensar que o mundo é só feiúra, que é normal ser triste, doentio ou infeliz e que ninguém merece crédito, certamente apagará o sorriso nos lábios.

Não é com esse quadro mental que surgem a paz e o prazer de viver. Só com otimismo, boa vontade e disciplina se conseguem a estabilidade interior, a vontade de progredir e se colocam valores no coração, fazendo aparecer o sorriso.

O mundo não são as coisas feias e negativas. Nele existe o belo, a luz, a alegria e uma poderosa energia de amor dentro de cada um. Basta buscar e os achará.

Caminhe para a felicidade.

Quem só vê tristezas e feiúra acaba triste e feio.

4

Um homem, desejoso de vencer na vida, saía para a luta diária quando, ao abrir a porta, o vizinho lhe diz:

"Não vá. Não vê você que quem trabalha não progride?"

Mas ele reagiu e pensou: "Este é um desanimado e por isso está em fracasso", e pôs os pés na rua.

No trabalho, logo chega uma colega a falar: "a vida não tem sentido, ninguém gosta da gente, nem mesmo Deus."

Novamente reagiu e pensou: "Ela está em desânimo porque não ama" e a consolou.

E tanto assim era que, um dia, constatou o seu progresso e falou alto: "Como sou feliz, o pessimismo não me faz frente."

5

Para atingir o objetivo, pense:

Tenho um objetivo na vida e vou alcançá-lo. O meu objetivo não é apenas material, passageiro, como a riqueza e o prazer. É muito maior e me dará um bem-estar que nunca se acabará. Vou ser mais como pessoa, mais alegre, mais vivo, mais humano, mais crente em Deus e em mim. Não temo dificuldades. Passo sobre elas, como quem passa num automóvel confortável e não sente as pedras da estrada. Lutarei contra as adversidades. Será assim como quem sobe num pau-de-sebo, onde no alto colou o objetivo. Meu objetivo está lá. Se escorregar na subida, tentarei de novo até chegar.

Para o lado que vai o pensamento, vai a vida.

6

O rapaz que se considerava um trapo, um bagaço, um azarado, procurou o velho sábio e expôs a situação.

– Não seja assim, disse o velho. O que você pensa acaba acontecendo. Valorize-se. Não se rebaixe.

E acrescentou: "vou lhe contar um caso. Na minha terra conheço um homem muito rico, que fala várias línguas e comanda a política, mas que, até os dezoito anos, não sabia ler, nem tinha colocado um sapato no pé. Um dia, resolveu melhorar de vida, estudou e se tornou no que é, sem ajuda de ninguém. É isso, meu jovem, a vitória está dentro de você. Solte-a. Confie em você."

E finalizou: "Ninguém pode ver a glória se não aprendeu a louvar".

7

Este dia vai "dar certo", assim como "darão certo" os do seu futuro.

O dia dá sempre certo para quem se convence de que levantou com o pé direito e não vê motivo para ser malsucedido.

"Dar certo" não é bater o pé e se contentar somente com o planejado, mas aceitar o que vier, sem ofender a ninguém nem se ver ofendido ou injustiçado. Os que não se contentam com nada, mesmo que ganhem na loteria ainda serão infelizes.

Aceite os acontecimentos e as pessoas como são, agradeça a tudo, enfrente os obstáculos sem revolta, tenha alegria e ame muito, e será feliz desde já.

Há rico que quer a camisa do pobre para ser feliz.

8

Tenha paciência.

Quando tiver que esperar alguma coisa, como a condução, o pagamento, o remédio, o alimento ou a boa notícia, tenha por norma não se revoltar porque isso não faz bem.

Por nada neste mundo perca a calma. Feche inteiramente o seu íntimo à impaciência e só permita entrar o que é bom.

Diante das circunstâncias ou do mau conselho, diga: **"Não perderei a paciência. A calma me garante uma paz que utilizarei mais adiante"**.

Proteja-se da impaciência.

Por ser paciente, o sol dá vida à Terra.

9

Melhore o seu interior.

É no interior que você elabora as fórmulas de paz ou intranquilidade, coragem ou medo, sucesso ou insucesso, como num verdadeiro laboratório.

Leve só o que é bom para o seu íntimo e tome a decisão de alcançar a paz, de chegar ao sucesso pelos pensamentos otimistas e ações de concreta valia.

Não jogue para dentro os pensamentos negativos, que são lixo, veneno e ácido, levando-o a não aceitar os acontecimentos, a julgar-se uma vítima, um incapaz ou a crer que vive num mundo inimigo.

No laboratório interior, o cientista responsável é você.

10

Julgue-se com Deus e ninguém terá poder negativo sobre você.

Diga convictamente: **reconheço que só o que penso de bom, belo e esperançoso tem o poder de me fazer feliz. Tudo o que vem do mal, as desonestidades, o desânimo, causam infelicidade. A vibração de Deus está dentro de mim, um poder infinito, cósmico, inexplicável. Por isso, não ando temeroso, preocupado, infeliz. Tenho a cabeça no lugar. Não me considero vítima. Atuo com bondade. Espero em tudo melhorar. Não acredito em fracasso porque Deus está em mim e ele é sempre vencedor.**

A melhor defesa contra o mal é o bom pensamento.

11

Como ser feliz sem buscar a felicidade?

Como ser feliz mantendo o olhar frio e o sorriso escondido? Como ser feliz e se revoltar e se queixar?

É como sair às compras sem dinheiro ou ir pescar sem anzol.

Reconheça ser preciso jogar para longe o que for tristeza, desamor e o espírito de levar vantagem, e colocar no lugar deles o prazer de viver em paz.

Para se ter a felicidade é importante desejá-la por inteiro, robusta e quente, sob forte esperança no amanhã porque, se desejá-la fraca, ela por si se inutiliza, desde o início.

Só é feliz quem realmente quer.

12

Transforme em força de benefício a sua necessidade.

A necessidade, por obrigar a fazer ou não fazer, desperta a força da ação mas, ao se deparar com o desânimo, essa força decai e deixa de produzir resultados.

Querer é poder. Transforme a sua necessidade em força para a paz e abertura de progresso, fazendo o mal-estar virar bem-estar e a pobreza se transformar em riqueza.

Não menospreze, pois, as necessidades, antes agradeça a Deus, à vida e ao destino o poder tê-las e delas fazer instrumento de progresso.

Por necessidade de descer, a água impulsiona a usina e faz o progresso.

13

Afaste o egoísmo.

Todo egoísta tem mau caráter, em maior ou menor grau.

O egoísmo atrapalha porque espera recompensa, pagamento, favor, num sistema de "toma lá, dá cá", e nisso obriga a rebaixar e a responder uma cara feia com outra cara feia.

Dê-se aos outros e eles se darão também a você, ajudando-o a progredir, a vencer obstáculos, a ser mais como pessoa, como irmão e amigo.

Diante do mau-trato, reflita, perdoe e compreenda com alta conduta de espírito.

Dois egoístas nunca se dão bem porque cada um acha que a razão é só a dele.

14

Todo pensamento, se repetido, passa a exercer domínio.

Se você pensar repetidamente que não é amado e por isso não deve amar, que não tem chances de progredir e que assim o futuro será medíocre, que é doente ou infeliz, essas ideias errôneas se firmam a ponto de trocar o certo pelo errado.

Pense assim: **"Só tenho ideias agradáveis, de benefícios declarados. Estou de bem com todas as pessoas. Irei progredir continuamente. Toda doença está afastada de mim. Sempre serei alegre e feliz"**.

Não dê entrada à decadência.

O mal, que se deixa entrar, dá trabalho para sair porque incha e fica maior que a porta.

15

Confie em dias melhores.

A partir de agora, tome para si esta decisão: **mesmo que os meus problemas sejam a ponto de não ver saída, esteja debaixo de pressões, humilhações e dor que me pareçam um inferno, sustentarei a confiança em dias melhores. Não pensarei ser essa confiança uma ideia falsa, só de consolo. Ela tem força em mim e produz os resultados esperados. Gerarei somente imagens mentais positivas e transformadoras. Juntarei todas as minhas forças e liquidarei com o medo e a insegurança. O meu poder mental toca os céus e atrai as melhorias.**

Confiar em melhores dias é confiar no próprio Deus.

16

Creia no valor dos seus pensamentos.

Não limite a sua mente e exercite em profundidade o seu poder de desvendar, de se controlar e amar, confiando que pode operar maravilhas nas tarefas a que se dedicar.

Confie na sua capacidade e jogue para longe o que for fraqueza ou medo de insucesso. Seja forte na prova e obedeça à moral do respeito mútuo. Tenha bons objetivos e neles permaneça. Espere ser bem-sucedido a todo tempo e considere-se preparado contra o atrapalho que surgir.

A vida é arte sua.

Quem fica de olhos vendados, acaba caindo no poço.

17

A mente não é feita apenas para ganhar dinheiro ou ter o gozo material.

A mente também faz isso, mas a sua maior finalidade é a criação dos valores e da paz, de tal modo que chegam a se refletir na face e a atrair simpatias e benefícios.

Ponha o poder mental a seu serviço como pessoa humana. Analise-se, adote poderosos pensamentos de ânimo, confiança no amanhã e fé no Ser Supremo. Veja-se capaz, resistente, repleto de qualidades e talentos, como uma fonte a jorrar continuamente. Não agasalhe mágoas, medos ou angústias.

O coração é o motor, mas a mente é a direção que leva você estrada acima.

18

Nos instantes de tensão e correria, feche-se à preocupação e ao medo porque uma coisa é ter que correr e outra se deprimir.

Pense nas más consequências da irritação e alivie o sistema nervoso. A vida não é só necessidade, agitação e correria.

Calma.

Reflita com paciência. Pense no que é, no que faz, para onde vai e se mantenha calmo em todas as situações.

Cuide-se. O corpo se desgasta e a mente cansa.

A rolha, por não se deixar afundar, mantém-se intacta apesar do rebuliço da água.

19

Você tem beleza interior.

Sinta que você tem uma beleza igual a do mais lindo arco-íris.

Veja as belas cores do seu arco-íris interno como sendo inteligência, sentimento, vida, fé e esperança, e isso fará você muito feliz.

Não extinga essas cores com a borracha da tristeza, da ilusão ou da revolta, pois que não merecem ser tratadas assim. Tal como o arco-íris que decompõem a luz e indica a posição do sol, elas são Deus dentro de você e ali estão para fazê-lo vencedor de dificuldades.

Uma linda cor é sabedoria de Deus e descanso para os olhos.

20

Acredite e será feliz.

Manifeste sua crença assim: **creio que o amor é mais forte que o ódio, a paz mais forte que a briga, o positivo mais forte que o negativo, e sinto os efeitos dessa crença. Não creio na supremacia do mal, do negativo, do péssimo e me livro da influência deles. Não dou força ao que não presta. Dou valor ao que é bom, positivo, elevado. Estas coisas tomam conta de mim e me modificam a vida. Fazem-na chegar no que quero. Peço a Deus forças para olhar mais alto. Não desgrudarei da fé. Vou, cada vez mais, trabalhar num ideal. Deus me reserva um dia melhor que o outro.**

O tamanho da felicidade equivale ao da crença.

21

Deixe a tristeza de lado e veja beleza no dia, nas flores, no olhar, no sorriso das pessoas.

Tudo tem beleza e significado. Procure-os e aparecerão. Mais lindo, porém, do que o que se vê, e mais significativo, é o seu interior, onde você pode guardar tudo de bom, como a paz e a felicidade.

Deseje verdadeiramente a paz e a felicidade, trabalhe nesse sentido e as alcançará. Dê amor, suporte tudo com paciência, agradeça até pelas mínimas coisas, seja gentil e sentirá prazer em viver.

Pense positivo.

Você sente a realidade e os problemas como pensa que eles são.

22

A vida puxa para frente.

Não fique preso ao ontem, a relembrar insucessos, maus-tratos e doenças.

Você tem agora o maior bem, o de poder viver este dia e operar mudanças, fazer planos, tomar decisões, começar a agir.

Espelhe-se nos que, com grandeza de alma, alcançaram a prosperidade. Explore-se e arranque de si mais inteligência, sentimento e decisão. Não pare. Trabalhe. Utilize bem o seu hoje. Vá em frente. Seja alegre, otimista, crente nas forças e não fraqueje.

O agora, o hoje, é a sua maior fonte de prosperidade.

23

Como se dirigir sem saber para onde ir?

Não é real só o material, que se vê e se pega.

Atrás do que é visível, as forças mentais e espirituais estão na direção, no comando, detendo o poder real de ação, de manifestação e sentimento.

Tenha bom sentido de vida e não se iluda. Uma direção apenas material não presta, por ser incompleta. Se você quiser mesmo ser feliz, cultive os valores morais e entregue-se por inteiro ao otimismo e à tranquilidade de espírito, agindo com rumo certo.

Quem bem se dirige alcança o objetivo.

24

Grandes homens tiveram pais pobres e deficiências físicas, mas a tudo venceram.

Abraão Lincoln e Thomas Edison tentavam e fracassavam, Hellen Keler, não via, não ouvia e nem falava, o Aleijadinho perecia, mas, com fé em Deus e em si mesmos, marcaram presença e fizeram história.

Dentro de você também existe um grande homem, aguardando a sua hora, bastando se descobrir, lutar, pôr em ação a força escondida, o desejo de progredir, alcançar a paz e ser feliz.

Descubra-se e valorize-se.

A sua grandeza interior pode modificar o mundo.

25

Conduza assim os pensamentos:
Tenho que progredir, vencer as dificuldades, chegar a realizar as esperanças no meu coração. Para isso, vou me adaptar às circunstâncias, trabalhar, amar, confiar nos meus valores, na força que Deus me deu. A vida, ativa e pura, se agita em mim e me chama para lutar, confiar, realizar ao máximo. Sigo obediente a esse clamor e por ele rompo limitações, ponho-me a serviço dos outros e de mim mesmo, torno-me compreensivo, corrijo o errado e considero as dificuldades amigas e mestras. Sinto-me, agora, forte, decidido e me proclamo com amor a todos.

O clamor interior é a felicidade que quer se mostrar.

26

Por que temer e aguardar o pior, se é sabido que o pessimismo, a vacilação e o desespero não servem para nada?

Confie em Deus e em si mesmo e terá a segurança necessária diante dos problemas, não temerá dor alguma, mau futuro ou desavença.

Com uma confiança forte e madura você revoluciona tudo, concretiza as melhorias e realiza o bom futuro.

A partir de agora, creia estar com força interior, com o que é bom por dentro, renascido, purificado por ideias novas e positivas, disposto para a luta seja qual for.

Não esmoreça o ânimo.

A certeza de ter força e valor é a fonte do progresso.

27

A vitória ou a derrota estão dentro de você.

Se você deseja ardentemente o progresso, a saúde, o bem-estar, a sua mente procurará os meios e condições de concretizá-los.

Acredite em si como a roseira que renova as rosas ou como as árvores que fecham as suas feridas.

A força está dentro de você.

Comece, agora, a pensar em si e no seu futuro. Tenha otimismo. Acredite que existe bem-estar, alegria, saúde plena. Trabalhe confiante. Não tema os atrapalhos. Sua força é maior que eles.

A força vem conforme o desejo de agir.

28

Você terá prazer em descobrir, agora, uma força extraordinária, pronta para agir dentro de você e eliminar os problemas.

A convicção de ser forte, a confiança na eficácia da força e o amplo campo de sua utilização darão a você enorme satisfação e o desejo de se conhecer melhor, de caminhar firme, de ter mais paz e de chegar à prosperidade total.

Confie na sua capacidade, na sua vontade, no seu poder de realização e verá serem muito maiores do que imaginava, assim como serão maiores o bem-estar e a alegria que deles provêm.

Nenhum problema é maior do que a força que há em você.

29

Dentro de você está uma usina de progresso.

Se você é hoje o resultado do ontem, o seu amanhã será muito melhor se corrigir o que tem de imperfeição, aperfeiçoar-se, procurar se compreender, se ajudar e ajudar os outros.

As suas necessidades, problemas, anseios e ideais estão nas boas mãos do tempo, nas mãos da Providência Divina, mas dependem também da sua inteligência e comportamento.

Não impeça a vinda das transformações benéficas. Ajude-as a se concretizar, usando pensamento positivo, fé e ânimo.

Tudo é bom para quem crê e bem age.

30

Não espere sofrimentos.

Expresse esta ideia: **não espero sofrer para aprender a viver**. A aplicação correta da inteligência e do amor opera profundas transformações dentro de mim e dispensa o chicote da dor. Os meus pensamentos e ações de concórdia, respeito ao próximo, fé e esperança me colocam aderente ao poder superior e eliminam as imposições da dor. Progredirei sempre. Conquistarei a paz, a felicidade e, mesmo que tenha dificuldades, nelas apenas verei ensinamentos edificantes. Coloco-me nas mãos de Deus e crescerei. Nunca me entregarei a posições de indolência, revolta e descrença de mim mesmo.

Dói menos a dor compreendida.

31

Para conseguir o fortalecimento interior, acredite possuir um poder que só mesmo Deus seria capaz de pôr em você.

Exercite o seu poder para se modificar, reiniciar, refazer, construir. Se era esquecido, veja-se com boa memória; se agasalhava a doença, apresente-se são; se pensava ser azarado, aprecie-se com sorte.

Ajuste-se a um ritmo de paz, progresso e fortaleza, sentindo a sua competência circular nas veias.

Não fraqueje. Nos contratempos, firme o pensamento no otimismo, com força, reação e desejo de vitória.

Só é fraco quem gosta de fraqueza.

32

São vencedoras as pessoas que estão dispostas a se examinar, a se movimentar, a usar dos seus valores e a tornar mais úteis o dia, a hora e o minuto.

Faça um autoexame, observe atentamente como edifica a vida. Busque na mente, no interior, com calma, as respostas para as questões atormentadoras. Reflita exaustivamente se está mesmo usando toda a sua capacidade, o otimismo e a fé para superar obstáculos e chegar ao melhor que a vida pode lhe dar.

Confie em dias melhores.

Você cresce quando crê em si e põe em ação o vigor da sua vida.

33

Você tem por dentro uma força, uma luz que quer expandir-se, um vigor que quer se tornar real, tudo para fazer de você uma pessoa mais feliz e melhorar o seu ambiente.

Por que não abrir o seu coração e vencer o pessimismo?

Procure se aceitar, ver-se com bons olhos, acalmar, acreditar nas qualidades e desenvolver o otimismo.

Achegando-se aos outros, dando de si, ouvindo-os e compreendendo-os, você os fará sentir-se valorizados e lhes despertará a vontade de também devolver amizade e apreço.

A força positiva do seu ambiente interno modifica o ambiente externo.

34

Nada no mundo, nem mesmo a doença, a adversidade, a fome e a sede, é capaz de destruir você como pessoa.

A força viva e dinâmica, que se aloja no seu mais profundo, lhe dá resistência conforme sejam as dificuldades apresentadas.

E quando você vê as dificuldades como simples imagens passageiras, então terá se colocado num plano mais alto e se livrado de suas influências. Por isso, seja você quem se vê firme e tranquilo dentro da tempestade.

A força em que você confia, o vigor íntimo, a esperança concreta são suportes de uma vitória certa.

Não temer nem mesmo a morte é adquirir segurança em Deus e em si mesmo.

35

Seja bom e feliz.

Pense assim: a paz do mau é nervosa. Quero uma paz verdadeira e já me julgo nela. Se exigir dos outros gratidão, respeito, amor é porque ainda não os tenho internamente precisando vir de fora. Trato bem a todos e nada exijo em troca. Tudo relevo e não me sinto ofendido. A ninguém chamo de ingrato e não deixo de colaborar só porque não sou correspondido. A paz e felicidade são construídas por mim a todo momento. quero realizar meus objetivos e não me mostro incompetente aos olhos de Deus.

O prazer de dar é maior que o de receber.

36

O que você tem por dentro não é uma caverna escura e sinistra, de onde só saem revolta e tristeza, como uns vampiros.

O seu mundo interior, ao contrário disso, tem forte luz, semelhante até a um sol, capaz de iluminar tudo o que você ver ou desejar.

Raciocine. Se Deus construiu a natureza, que é paraíso, se em tudo há sabedoria, beleza e vida, por que não faria você nos mesmos padrões e até mais, por ser pessoa humana?

Como então se ver sem valor, sem ser vibrante, útil e capaz, como um motor desligado e sem vida?

Na melhor visão de si mesmo está o progresso total.

37

Uma grande luta é querer modificar de vida, ser bom, ser amigo, ser alegre, ser positivo e progressista e sofrer o repuxo, a forte tendência para ser como antes, praticar o que recrimina, negar o que mais quer.

Como agir então?

É a hora de resistir, impor ideias positivas, desfazer equívocos e medos, afirmar-se vencedor, usando o amor, a inteligência e a persistência.

O crescimento, a paz e a esperança não se impõem. Nascem e crescem por dentro, pelo exercício, pelo querer positivo, pela dedicação.

Lute e alcançará a vitória.

Você é mais forte quando crê na força interior.

38

Não deixe o problema virar uma adersidade, uma catástrofe.

Sempre é tempo de recomeçar e, para isso, reconheça que na sua base interior já está a força de que precisa, a vibração superior, a inspiração, querendo desabrochar e lhe dar apoio; estão a solução e o conforto que você quer.

Deixe as suas forças internas atuarem livres, sem temor; faça uma reflexão, desperte a confiança em si, creia em melhorias e alcance o equilíbrio e a paz. Quanto mais você usar de positividade e ânimo, mais isto acontece.

A solução para vencer a adversidade é lutar com calma, coragem e fé.

39

O seu interior pode ser comparado a uma lavoura que, se bem cultivada, trabalhada e adubada, produz frutos saborosos mas, deixada ao abandono, às pragas e às ervas daninhas, vem a sucumbir e a tornar-se selva bruta.

Trate bem da lavoura interna. Adube-a todo dia com forte dose de otimismo, intensa alegria e boa intenção.

A lavoura bem tratada retribuirá com bem-estar e prosperidade, fará com que você sinta prazer em viver, em se corresponder com os outros, em ver despertadas as suas qualidades e em esperar um doce futuro.

Cuide da lavoura interna.

Cuidar da lavoura interna não é mais do que simples obrigação.

40

Acredite no poder da sua mente.

Pense confiante: **atraio as grandes alegrias, a prosperidade e a felicidade mediante o pensar.** Para modificar uma situação, pensarei firme no que é positivo, na saida e chegarei à solução. Os pensamentos de amor e fé que mobilizarei são recursos poderosos que concretizarão boas situações. Jamais imaginarei insucesso, desrespeito e infelicidade para não despejar ácido sobre a minha vida. Resistirei ao negativo que vier, fazendo-me uma caixa lacrada. Só procurarei amor, entendimento, elevação e assim viverei com majestoso futuro.

O pensamento bom faz realizar o que é bom.

41

O Pedro, porteiro de um edifício de apartamentos, ganha pouco, mas vive tão alegre que chamou a atenção dos moradores.

Pedro, por que você vive alegre?

"Antes, disse o Pedro, eu não era como hoje, eu tinha muita queda, passava um dia alegre e o resto da semana azedo, triste. Comecei a praticar o levantamento de ânimo, a confiar em mim mesmo, a ler o Evangelho e fui melhorando. O que mais me dá alegria é saber que existem prêmios no céu. Eu espero o céu, o amanhã, confio em Deus e por isso vivo alegre".

O morador baixou a cabeça e saiu pensativo. Ele não podia dizer o mesmo, dinheiro não lhe dava alegria.

42

Supere o espírito de guerra, solidão ou desespero, usando as suas forças vivas.

Por que ser pessimista, se tudo pode ser alegria e esperança?

Mesmo na pior situação, levante a cabeça, anime-se, tenha pensamento positivo e siga em frente. Tudo melhora por fora quando há melhora por dentro.

E é por dentro de você que estão todos os recursos para ser alegre e próspero, estão as energias para trabalhar e amar, clamando por deixá-las agir, melhorar, progredir.

Seja otimista. Ponha em ação as suas forças vivas.

As suas forças vivas são um gerador de felicidade.

43

Quando você precisar de uma tábua de salvação, lembre-se destas quatro palavras milagrosas: **trabalho, perdão, paciência e oração.**

Se tudo se apresenta difícil e amarrado, experimente o trabalho e se protegerá das complicações. Se recebeu ofensa, use o perdão e se isolará da mágoa e do desejo de vingança que fazem mais mal do que a ofensa. Se apareceu o problema de longo curso, sirva-se da paciência e espere confiante. E para guardar uma esperança forte, confiar no seu valor e em Deus, use a força da oração.

Empregar os meios adequados às situações é sabedoria e paz interior.

44

Reaja.

Se tudo está puxando para baixo, querendo tirar o pouco que você tem; se vem sugando as suas posses e alegrias; se parece obrigá-lo a fazer o que não quer ou o que não precisa; se quer levá-lo ao atraso e à miséria, empregue a sua força em contrário.

A força contrária é a de progresso, paz e alegria que estão em você e não conhecem limites. Ponha-a a agir. Levante os olhos. Resista. Creia em si. Siga avante e obterá êxito.

As situações difíceis testam a sua capacidade, mas não aceite derrota, fraqueza ou doença.

O melhor que você tem surge na hora da resistência.

45

Hoje é um bom dia para pensar em Deus.

Raciocine nestes termos: **Deus não está longe de mim, lá nos céus.** Está aqui dentro, como vida, energia, amor. Quer me fazer melhor, derrubar minhas barreiras de ignorância, ilusão, ódio e estabelecer beleza, profundidade, paz. Quanto mais o sinto, mais confiança tenho, mais forte fico; aparecem as orientações, as rotas de progresso, as realizações. Vou intensificar a ligação com ele, retificar erros, resistir às dificuldades, compreender os outros, acreditar em melhoria, dominar as emoções.

Enxerga Deus quem se eleva acima do monte das ilusões.

46

A sua força interior aparece conforme é chamada.

Se você chamar e exigir alegria, inteligência, resistência, vontade férrea, coragem e fé, elas apontarão e se mostrarão por inteiro.

Confie no seu reservatório interior. Peça a Deus que amplie a sua capacidade de extrair de dentro as satisfações, as forças e as ajudas. Não seja como os que pedem esmola, sem saber que são ricos, como os que choram, sem saber que possuem alegria e como os que se desesperam, sem saber que carregam esperança.

Tome consciência de si mesmo.

A consciência desperta é força acionada e problemas extintos.

47

O tempo age.

Se você perdeu a confiança em si e nas modificações favoráveis, lembre-se de que o tempo, sem que você veja, sinta ou manobre, age a seu favor.

Ele é uma bênção, um benefício e se desdobra em ajudar você, em restituir a cura, encaminhar o bom negócio, favorecer o emprego, mudar o que precisa ser mudado, elevar e dar a você o que lhe seja útil.

Aproveite o tempo e não o embarace com os pensamentos negativos. Deixe que ele trabalhe livremente e espere os resultados com mente disposta, positiva e receptiva.

Os bons frutos do tempo são para os que sabem viver bem.

48

Combata o medo e tenha sucesso.

Em qualquer situação, veja-se protegido pelas próprias qualidades e sem razão para temer. Estabilize o mundo interior, com calma e paz.

Acredite-se criado por Deus e possuidor de inteligência para superar qualquer impedimento ou emergência, mesmo os mais graves e difíceis.

Para manter alta confiança em si, chegar ao sucesso e ser feliz, use a meditação, aprecie a vida, disponha-se a lutar com todas as forças. Reconheça-se saudável, forte e vibrante. Observe tudo. Leia o que for edificante e tome-se de compreensão.

Alcança o sucesso quem, andando, faz o caminho.

49

Confie na sua capacidade e preserve o ânimo, a fim de ser útil.

Alegre-se e reconheça possuir um interior vibrante, não se justificando carregar qualquer tipo de fraqueza, medo ou tristeza.

Sinta-se com força poderosa, com uma vida que merece respeito.

Tenha boas ideias e a real vontade de amar, servir e progredir. Você é centelha divina, posta ao calor do dia para atuar, agir, solidificar conhecimentos, fortalecendo-se para a abundância.

Acredite em si mesmo.

A confiança em si é o pré-requisito da felicidade.

50

Hoje, reflita da seguinte maneira:

Não sou como os que ignoram para onde vão, sem um sentido de vida, sem saber porque trabalham e sofrem. Confundem o bem e o mal e neles a malícia supera a virtude, o erro vence a verdade, o pessimismo suplanta o otimismo. Tenho outra ordem mental. Se Deus tudo criou com beleza e harmonia, eu também tenho finalidade e possuo os princípios divinos que vigoram em toda parte. Tenho maravilhosas qualidades. Ando confiante em mim, só espero o melhor e estou livre de confusão.

O sentido que você dá à vida é força a seu favor.

51

Como esperar o alívio, a melhora, o progresso, sem acreditar em si, sem se esforçar?

O sofrimento, o problema, a necessidade requerem esforço e é esse esforço que torna você mais forte por agregar a si as qualidades de resistência.

As dificuldades, sejam quais forem, cedem terreno quando aceitas sem revolta. Até mesmo o sofrimento some quando você entende o seu significado.

Use a sua força interior sempre e sempre. Nunca se sinta um injustiçado, um infeliz só porque tem dificuldades.

Quem tudo entende, não sofre.

52

Há uma forte luz dentro de você. Uma verdadeira usina capaz de iluminar o mundo.

A luz nasce nas entranhas da sua inteligência e sentimento, é dinâmica e pode arrancar a sua vida do lodo, e a dos que estão ao seu lado. Essa luz vence as trevas, a ignorância, a tristeza, os semblantes sombrios, a tudo impondo um estado de liberdade e paz.

Convença-se da sua potente luz interior. Não a enclausure entre as paredes do pessimismo.

Use os faróis do otimismo e faça a sua luz por toda parte.

A luz que há dentro de você é a mesma de Deus.

53

Não diga "vou mal".

Se você mesmo admite "ir mal", como podem as coisas correrem bem?

A convicção firmada de "ir mal" impede de ver, apreciar e sentir o que é bom. O que é bom acontece, mas a sensação de se "achar mal" o abafa.

Se você se convencer de que tudo está bem, que tem saúde e bom futuro, essa convicção afasta a insatisfação e abre as portas do bem-estar, da calma e da prosperidade, pois que tudo é como você pensa ser.

Afaste os pensamentos que o põem contra os outros e contra a paz. Deixe o que é bom entrar em você.

O mal só prevalece onde não se deixa entrar o bem.

54

Dentro de você há um desejo de expansão, de progresso, que não quer ficar fechado ou impedido.

No entanto, se tiver que conviver com a rotina, empregue o seu potencial de inteligência e ânimo que é superior à repetida influência externa.

Reconheça-se com poder de se transformar, de melhor se gerir, de adentrar-se e sacie a sua sede de infinito.

Confie em si. Você é mais forte que o meio. Não se inquiete se a repetição do mesmo pensar, do mesmo proceder, da mesma situação quer cansar você.

Você progride quando exercita as suas forças.

55

Dedique este dia à prática do agradecimento.

Fale consigo mesmo: **agradeço para me sentir bem com tudo e com todos, ver os problemas com outros olhos, experimentar a paz, equilibrar as emoções. O agradecimento são luzinhas dentro de mim, me confortam, me dão prazer. Agradeço, assim, agora, a vida que tenho, o meu corpo, os pés, as mãos, a visão, a audição, tudo. Com mais ênfase, agradeço o meu bom coração, a minha inteligência e qualidades que resolvem qualquer dificuldade. Até por pequenas coisas, agradeço. Um gesto, um abraço, um olhar significam muito e me fazem feliz.**

O agradecimento aquece o coração e dá o clima da felicidade.

56

Não se sinta diminuído.

A humildade é uma força construtiva, é um valor, um atrativo poderoso. O orgulho, a vaidade, a ambição e as demais imperfeições amarram as pessoas entre si com laços de repulsa.

A postura de humildade, aceitação, compreensão, igualdade, deixa os outros à vontade junto a você, aproxima-os e facilita o toque dos corações.

Não abandone a humildade, nem mesmo diante dos orgulhosos. No fundo, querem ajuda, pois são vítimas do veneno que carregam.

Só se eleva quem não mostra grandeza.

A humildade é o sustentáculo da paz.

57

Dê ânimo.

Preencha-se de otimismo e o transmita a quem identificar em penúria, não valendo isto como caridade para com eles mas para si próprio.

Em hipótese alguma concorde com a decadência, a vitória do mal e o problema sem solução. Da consolação que você der, da esperança que você distribuir, nascerá a sua paz e felicidade.

Tenha interesse pelo destino dos outros. Dê-lhes palavras de levantamento das forças, arrimo e progresso porque o magnetismo das suas palavras beneficiará primeiro a você antes de os tocar.

O ânimo que você dá é o que o sustenta.

58

Assim como você tem o dever de cuidar da aparência física, ter os cabelos penteados, o corpo banhado, a roupa limpa, deve cuidar do interior, pondo-o a serviço do progresso e do bem, sem prejuízo de ninguém.

Melhore o estado interior, dizendo para si mesmo: **minha inteligência é completa. Sei vibrar, amar e esperar. Posso trabalhar e ser útil. Não tenho inimizades. sou feliz.**

E, em qualquer idade, afirme: **tenho juventude e saúde abundantes. Todo o meu corpo funciona bem. Não existe em mim imperfeições ou doença.**

Cuidar do interior é trabalhar pela felicidade.

59

Se você tem hábitos enraizados, comportamentos de longa data, pensamentos que se repetem e se sente insatisfeito, disponha-se a mudar.

Renove-se.

Se era triste, passe a ser alegre; se era desesperançado, tenha esperança; se era preguiçoso, desenvolva gosto pelo trabalho; se era nervoso, acalme-se; se era queixoso ou acusador, contenha-se; se era viciado, abandone os vícios.

Não fique repetindo o passado, parado no tempo, inerte. Faça alguma coisa, construa um mundo novo, limpo, arejado. Você tem capacidade para isso.

Renovar-se é acompanhar o progresso.

60

A respeito do futuro, pense assim:

Não sou um pedaço de papel ao vento. Quero construir meu futuro, tomar o destino nas mãos, refazer minha vida, dominar-me. Sou agora mais potente, mais qualificado, mais capaz do que ontem. Vou usar cada pensamento, cada palavra, cada ato como tijolinhos da minha construção. Traçarei objetivos. Lutarei até alcançar melhor situação. Corrigirei maus costumes e tendências. Não arredarei o pé desta decisão. Comprometo-me de corpo e alma com a ação, o trabalho, a fé em mim e nas forças da vida, e vencerei.

O destino é um alvo que se atinge com a seta da inteligência.

61

Um menino se deliciava, colocando pauzinhos num filete de água e vendo a água se avolumar e passar sobre eles.

Nisso, o avô, que o observava, disse: "Na vida também é assim. Surgem os gravetos dos problemas, dos tropeços, das dores, mas quando você se enche de energia, passa por cima deles e continua a marchar".

O menino prestou bem atenção e guardou o ensinamento de que a persistência no objetivo, a força interior e a fé no futuro tudo vencem, como a água sobre os gravetos.

A força interior rompe a barreira dos problemas.

62

Não crie problemas.

Quem se deixa levar pelo nervosismo, destrói o equilíbrio, a paz, a razão, cria problemas e faz da vida um tormento.

O nervosismo dificulta e esconde a solução dos problemas, ao passo que a calma favorece o raciocínio e apresenta a solução.

Mesmo quando tudo se mostre difícil e uma solução pareça impossível, asserene o espírito, levante o pensamento a Deus e Deus lhe mostrará o que você não via, por causa do véu do nervosismo.

Tenha calma.

Da calma nasce o otimismo e deste a prosperidade.

63

A esperança é força viva, nascida nas entranhas do ser. Um pouquinho, uma faísca de esperança promove revolução num contexto de negativismo e desespero, desloca a dor e acende uma luz.

Mesmo em meio às maiores dificuldades, quando as opções são fracas ou nulas e uma solução pareça distante, guarde consigo, por pouco que seja, a esperança.

Diante do problema, acalme-se, faça o exame completo e creia que uma solução virá, se não for através de sua inteligência e busca, será através de Deus, que a fará aparecer até de onde você não esperava.

A esperança realiza o melhor que a vida pode dar.

64

Estimule a si mesmo e aceite-se com uma poderosa força de recomeço e ação, capaz de grandes feitos.

Abandone as mágoas e admire-se como obra divina, de superior importância, a caminho de crescimento e melhorias. Ame a sua essência interior porque é nascida de Deus. Compreenda que os problemas treinam a inteligência e o sentimento e nunca são uma desnecessidade ou uma desgraça.

Em todos momentos, seja firme, reaja ao desânimo, não considere o mundo um inimigo, nem dependa do estímulo dos outros.

A felicidade só é real quando tem por alicerce o espírito de luta e recomeço.

65

Decididamente, seja otimista.

Estabeleça na sua mente: a partir de agora sou otimista. Enxergo por trás da aparência dos maus, frios ou indiferentes uma alma boa. Tenho o tempo como aliado. Não temo nenhum embaraço ou doença. Possuo amplas possibilidades para traçar e levar avante planos de vida, chegar ao máximo que pode o meu ser. Mesmo quando a vida me prova, me submete ao que não gostaria, não me revolto. Tudo vem a meu benefício. Serve-me de equilíbrio interior. Ensina-me a viver. Descubro, assim, beleza até nas menores coisas e sinto a paz.

Ser otimista é obedecer uma vontade de Deus.

66

Disse o psicólogo a uma senhora que vivia a reclamar de tudo:

"A senhora tem carência afetiva e inconscientemente não se reconhece com personalidade rica.

Exercite-se no espelho, durante 30 dias. Olhe bem nos seus olhos, pense nestas palavras poderosas: **harmonia, alegria, beleza, vida e progresso,** uma de cada vez, e diga: **dentro de mim está uma infinita harmonia. Não estou em desacordo com pessoa ou coisa alguma. Nada me faz infeliz. Tenho alegria. Tenho beleza. Tenho progresso e riqueza. Sou totalmente saudável. Deus está dentro de mim.**"

Quem se vê com boa imagem concretiza a boa imagem.

67

Imagine o seu mundo interior como uma fonte de água milagrosa, de qualidades e poderes iguais ao do oceano divino de onde provém.

Essa fonte jorra mais fortemente quando você lhe reconhece as propriedades de saúde, alegria, bem-estar e riqueza, pois que é movida pelos seus pensamentos positivos.

Dê valor à fonte interior e sentirá uma nova vida, o nascer de novas forças e o desaparecimento dos problemas. Jamais se considere em desvantagem, como infeliz ou derrotado.

Quem se olha com bons olhos descobre em si maravilhas.

68

Há sempre um tempo de mudanças, de paz, de perdão, um tempo em que nenhuma das apreensões, das aflições de agora prevalecerão.

Há sempre um tempo de fruto bom, de vento suave, de sol quente...

As sementes desse tempo já estão germinando dentro de você. Desde já, pela crença, boa vontade e esforço, comece a viver esse novo tempo, buscando a calma, esquecendo as ofensas, deixando de lado o egoísmo, mostrando sorriso, sinceridade; apertando a mão com prazer e calando a critica destrutiva.

O tempo de amanhã, o tempo das mudanças e da nova situação está começando agora.

69

É importante você se imaginar com um perfume interior que preenche o ambiente.

Sinta como se fora esse perfume de uma essência tão poderosa e tão concentrada que apenas uma gotícula perfume tudo.

É assim que você é, mas, para que o seu perfume íntimo saia, é preciso liberá-lo do frasco interior, retirar a forte tampa que o mantém preso.

Use de sua inteligência, capacidade e qualidades para soltar o perfume interior, modificar o ambiente, viver em novas bases e resplandecer um novo futuro.

O perfume que você tem pode preencher o mundo inteiro.

70

Diga, hoje, confiante:

Não quero ser uma folha seca que cai com o menor vento. Sou como a folha verde, forte, bem presa ao galho e não temo as adversidades, os problemas. Tenho Deus comigo, uma força que não se dobra, um prazer de viver que não pode se extinguir por pouca coisa, tenho por dentro uma paz resistente. Caminho olhando para frente. Ainda quando enfrente a chuva de granizo, a seca, o mau tempo das necessidades e dores, não me entrego a olhar para trás, vacilante e medroso. Acredito em melhoria e sou mais feliz a cada dia que passa.

É feliz quem sabe viver.

71

A vida ordena seguir em frente, trabalhar, agir, esperar e confiar.

Mas como seguir avante com ideias turvas e desesperança?

Sem esperança, a vida é pesada carga. Para conseguir firmeza de pensamento, retidão e melhorias, livre de um peso, há que, primeiro, crer no infinito amor de Deus, senti-lo por dentro, acreditar que pode melhorar, vencer obstáculos, ter preparo e luz interior, depois, seguir em frente sem desfalecimentos.

Tenha confiança em dias melhores. Lute. Desenvolva habilidades e riqueza interior.

O otimismo, a esperança, o ânimo eliminam o peso da vida.

72

Modificando você, modifica-se o problema.

Se a sua situação é daquelas em que já usou de todos os recursos, já pensou, refletiu, procurou dividir em partes, pediu opinião aos amigos e, mesmo assim, persistem os nós e a falta de solução, deixe de martelar no raciocínio puro e simples.

Tenda para o sentimento, para a crença e a esperança. Coloque tudo nas mãos de Deus e se fortaleça interiormente. Imagine uma onda, um bálsamo, um reconforto superior vindo em sua direção, alterando-o internamente, eliminando o problema.

Na sua transformação para melhor está a solução do problema.

73

Por que apenas "levar a vida" arrastando-a, meio infeliz e desorientado?

Anime-se. Dentro de você palpita o forte dom do recomeço, de poder refazer, repor, recolocar, renovar; uma força viva puxando para frente, para corrigir o errado, retocar, reanimar, levantar o que está caído e suportar a dificuldade.

Esse precioso dom é tal como o do fígado e de alguns animaizinhos que recompõem as partes arrancadas, das árvores que se recuperam dos golpes ou da água que limpa a si mesma.

Creia nesse seu dom de recomeçar e refazer para que ele aumente.

Deus, a força que tudo renova, palpita dentro de você.

74

"Não, não, não!" gritava ele. "Não aceito autoridade sobre mim, nem aqui, nem no lar, nem mesmo do governo!"

Um dia, no trabalho, onde era chefe, uma serviçal deixou cair uma gota de café em sua roupa, pelo que, furioso, maltratou-a e saiu aborrecido escada abaixo.

Para sua surpresa, porém, um ladrão, ao pé da escada e de arma em punho, exigiu-lhe, sem piedade, tudo o que tinha, sendo compelido a se humilhar e reprimir a ira.

Se tivesse calma, no incidente do café, teria ficado seguro onde estava.

A calma é segurança na vida.

75

Sobre o perdão, pense:

A ofensa me machuca e dá vontade de retrucar na mesma altura. Isso não me convém porque é igualar na baixaria. Os falatórios, as ofensas, são ignorância, fumaças que se dissipam. Vou perdoar os que me tratam mal, relevar, esquecer. Tenho coisas mais importantes a cuidar. Minha evolução como pessoa, meu presente, meu futuro, minha felicidade. Vou dedicar tempo a amar, procurar a paz, crer mais em deus e em mim, ser mais feliz. O mal não me interessa. Só cuidarei de ser bom, alegre, próspero em todos os sentidos.

Perdoar é superar a ignorância.

76

Supere as pressões do ganhar pouco, do cumprir horários, do mando dos patrões e não pense ser esta situação imutável.

Você pode mudar tudo, saber mais, desempenhar tarefas elevadas, ter mais conforto, mais amigos e apresentar-se melhor. Dispondo-se a ser melhor e a doar-se mais, você terá novo ambiente interior e novo mundo pela frente.

Não se dê por vencido. Aperfeiçoe-se. Estude. Corrija falhas, deficiências, fragilidades, e as oportunidades logo virão como consequência natural.

A crença em si faz aparecer as oportunidades que permaneciam ocultas.

77

Não se deixe abater.

Se até por pouca coisa você se abate, certamente arcará com os danos, de vez que a vida, do nascimento à morte, é cheia de lances e surpresas agradáveis e desagradáveis.

O contentamento e a paz dependem superiormente de boa conduta, bom pensamento, fé no poder superior e convicção de poder enfrentar qualquer problema.

Essa fé, esse ânimo, essa convicção de ser forte, competente e amoroso são as raízes da sua felicidade.

Nunca deixe cair o ânimo.

A força que você tem é a soma dos seus esforços.

78

Para ser feliz, jogue fora as mágoas.

As mágoas, os melindres, as lembranças amargas só servem de tormento para quem os carrega.

Não tenha ódios, planos de revide, desejos maus, numa espécie de luta contra a consciência. A consciência, por ser divina e pura, segue normas próprias, invioláveis e se alimenta de perdão, alegria e paz.

Acredite que todos têm mais virtudes do que defeitos, compreenda-os e aceite-os, assim defendendo a sua própria paz, o bom futuro e a prosperidade.

Esquecer as mágoas é mostrar força interior e livrar-se de um peso na consciência.

79

Se você teve uma noite mal dormida, uma desavença no lar, um revés no trabalho ou nos negócios, supere o abatimento que vem como coisa normal.

Afaste os sentimentos de revolta e pessimismo. Ponha o pensamento em direção ao alto, não aceite caminhar para o insucesso, a fim de não atraí-lo.

Afirme-se forte, saudável, capaz de passar por cima da dor e do obstáculo e treine sua capacidade de resistência usando os pensamentos positivos. Reerga-se. Diga para si mesmo: **estou bem. Nada pode me atingir. Tenho Deus comigo.** Tire proveito das contrariedades.

É na queda que a água ganha força.

80

Vista bem o presente.

Fale a si mesmo: **preciso tratar bem do presente. Acreditar num bom futuro e nas mudanças profundas em mim. Amanhã tudo me será diferente. O presente é como se dirigisse o carro da minha personalidade na estrada dos acontecimentos, um carro que vence qualquer obstáculo. É como se vestisse roupa nova e bonita, apertando com prazer a mão de quem chega, tolerando os indelicados. As dificuldades não são para mim. Só dou valor ao que é afirmativo, correto, positivo. Sinto que amo. Confio em mudanças agradáveis e espero progredir sempre.**

Com a sua alegria, a roupa nova aparece mais.

81

Se mesmo sendo otimista ainda lhe acontecem problemas e atrapalhos, pense no que seria a vida se fosse fraco.

Imagine o que seriam esses tropeços se você fosse pessimista... Assumiriam grande proporção, abalariam os seus nervos, fariam perder o sono e agredir por qualquer coisa.

Problemas todos têm. Para os confiantes em si e esperançosos, eles são pouco intensos, mas flagelam e castigam os fracos, os vacilantes e os nervosos.

Não deixe que os problemas dominem você.

É na hora do problema que você mostra o que é.

82

O seu mundo interno exige cuidados e atenções.

Não é qualquer ideia, qualquer palavra ou ação que você deve adotar.

Venenos como o pessimismo, a descrença em si e o mal, se ingeridos, provocam indisposição no mundo interno e são jogados fora, mais cedo ou mais tarde, até mesmo com dor.

As palavras, pensamentos e atos amorosos, por sua vez, por serem positivos, levam felicidade ao mundo interno que responde com alegrias e esperanças fortes.

Trate bem do seu mundo interno e receberá consolos e respostas apreciáveis.

O seu mundo interno é a coisa mais preciosa que você tem.

83

Ao filho, que se dera a gastar os bens da herança paterna, dizia a mãe:

— Meu filho, não gastes o que teu pai deixou. Vai te fazer falta.

Tendo morrido a mãe e gasto tudo, viu-se só e, em meio ao sofrimento e à fome, bradou:

— Meu Deus, abre-me uma porta! Nisso, uma voz lhe diz:

— "Meu filho, tens dentro de ti um tesouro muito maior do que aquele que perdeste. Se tiveres confiança em ti, equilibrarás a vida e farás a prosperidade de que precisas. Teu interior é rico."

Animado, dispôs-se a trabalhar e prosperou.

A maior riqueza é a confiança em si mesmo.

84

Os outros são como você.

Se lhes der atenção e um sorriso sincero, leva-os a assim agirem com você, devolvendo o que receberam.

Os pensamentos e ações de amor geram amor, a paz gera a paz e o ódio gera o ódio. Se você tratar bem a esposa, o chefe, o amigo, o colega, eles deixarão de ser rudes ou indiferentes.

Se preciso, retifique sua maneira de ser, transforme-se, ame e será amado.

Você tem coisas agradabilíssimas para dar. Doe-se. Expanda o seu amor, seu otimismo, sua maneira especial de ser.

É feliz quem faz os outros felizes.

85

Dirija melhor a vida.

Pense assim: **minha vida não pode ser apenas fadiga, insatisfação, doença.** Se aceitar que tudo acaba em nada, terei deixado o desânimo entrar e fazer estrago. Se estou no mundo é porque tenho chances de progredir. Deus nada faz sem sentido. A vida tem mecanismos de paz e felicidade a serem acionados por mim, assim como se muda a marcha de um carro. Tenho que mudar, acreditar em ser alegre e saudável, melhorar de situação. Vou agir, amar mais, esperar firme, crer no valor da vida. Desde já, liberto-me do pessimismo, da descrença e sinto o milagre da transformação acontecendo em mim.

Só vê a luz quem abre os olhos e só progride quem quer.

86

Os pensamentos se tornam fortes pela repetição. Cada vez que se faz um, em sequência a outro da mesma natureza, há um acréscimo de intensidade tendente à realização.

Se você repetir que não prejudica a ninguém, tem plena atividade, é capaz de se sair bem nas provas, não teme trabalhar, quer servir a coletividade e se entende com qualquer um, estas afirmativas se concretizarão.

Por isso, pense assim: **a força, a sabedoria de uma vida melhor e um grande amor estão dentro de mim. Vibro com Deus e desejo a paz para todos.**

Por ser positivo hoje você será feliz amanhã.

87

Se você sofre pensando que o seu problema terá desfecho desfavorável, equilibre os pensamentos e acabe com o temor.

A vida trabalha a seu benefício.

Desde que confie em Deus e em si mesmo, nunca existirão soluções desfavoráveis para os seus problemas. Ainda que uma solução não satisfaça, de momento, examine-a com vista ao futuro e reconhecerá ter sido justa.

Tenha calma diante dos problemas. Não exija ser o problema resolvido somente de acordo com o modelo que você imaginou. Há muitas maneiras de a vida agir a seu favor.

Qualquer solução é boa para quem está forte internamente.

88

Pelo que se dizia, ele era um homem auto-suficiente, sabia se sair bem de qualquer situação; progressista e responsável, distribuía otimismo.

Mas, um dia, quando a sua casa comercial pegou fogo, tudo desandou. Perdeu o controle, veio a tempestade interior, a raiva e o desespero. Na verdade, nem parecia o mesmo...

O fato é que ele tinha apenas a aparência de calma e equilíbrio. Se estava com dinheiro e bem-sucedido, sorria e demonstrava confiança mas, ao primeiro revés, revelava as fragilidades.

A fortaleza é filha da dificuldade.

89

Dentro de você estão capacidades, qualidades e sentimentos em maior número do que possa imaginar, mas frequentemente enfraquecidos por falta de uso.

Quando tocar nessas forças internas, exercitá-las e amá-las, elas se agitarão, se levantarão e farão de você uma nova pessoa; descobrirá em você os remédios para todos os males e os recursos para todos os problemas.

Descubra-se. A paz que você reclama, o amor que você quer, o ânimo de que necessita já estão em seu interior, prontos para agir, esperando apenas a sua contribuição, ação, otimismo e fé.

Aja positivamente.

Somente os bons pensamentos põem em ação as forças positivas.

90

Use, hoje, estes pensamentos:

Não quero ter o meu nome escrito no livro dos inúteis, dos fracassados. Vou deixar o meu nome escrito entre os que souberam lutar, trabalhar e chegar ao final dos seus projetos, metas e aspirações vestidos de luz, maravilhados com o tanto que podiam fazer e fizeram. Jamais me fixarei em pensamentos baixos, danosos. Manifesto agora perante Deus e a minha consciência a convicção de querer dar o melhor de mim, de ir ao encontro das necessidades e vencer. Confesso-me feliz porque sinto essa convicção.

O desejo de vencer é a principal parte da vitória.

91

A alegria que se demonstra é força contra a tristeza e o medo.

Ao abrir-se num sorriso, você encaminha alegria em direção aos outros e também a si mesmo. E como se dissesse estar contente consigo mesmo, com a vida, com eles, com Deus.

O sorriso que vem do mais profundo sustenta a mente, à semelhança do combustível que sustenta o motor. Por isso, não se feche nem seja indiferente ao sorriso dos outros. Eles demonstram uma alegria que precisa encontrar ressonância para continuar existindo.

Sorrir é mostrar que vale a pena viver.

92

Helena se sentia muito mal. Tudo se convertia em problema, e ela já os tinha tantos...

Certo dia, porém, passou a usar esta receita que lhe dera um velho homem e veio a se curar:

"Pegue um cordão, um barbante e vá fazendo nele uns nozinhos, representando os seus problemas; cada problema, um nó; problema de saúde, emprego, relacionamento, etc. O que não for nó, não é problema. Assim você tem deles uma visão global e percebe que são menos do que esperava. Ao resolver um problema, desate o nó correspondente, até acabar com eles".

O problema deixa de ser um nó quando você não teme desatá-lo.

93

Creia no valor dos seus pensamentos positivos, no poder do otimismo e da boa vontade e nunca caia em desânimo ou descrença porque nada solucionam.

Desde o primeiro instante, os pensamentos bons e positivos procedem boas mudanças, mas nem todas são perceptíveis de imediato. Algumas são como as que vêm das profundezas das águas, demandam um tempo para se fazer visíveis.

Quanto mais você ajudar com pensamento esperançoso e positivo, mais as boas mudanças e as melhorias surgem.

A boa disposição da mente atrai os bons acontecimentos.

94

Evite o mal e o negativismo para não atrair consequências ruins.

Se viu ou ouviu algo maléfico ou desastroso, não seja você quem vai passá-lo adiante. Leve aos outros apenas o que seja agradável, dê paz, traga incentivo, impulsione para frente e proporcione melhorias.

Examine cada coisa, cada fato, cada notícia, com sabedoria, bondade e otimismo e separe o joio do trigo. Tudo o que observar ou agir, faça-o sob o imperativo dos seus valores pessoais, sem perder tempo com mesquinharias e maldades.

Conserve sempre firme a esperança.

Filtre o mal, defenda a paz e será feliz.

95

Para ter luz, pense:

Não sou lâmpada apagada, imprestável. Sou lâmpada acesa, em plena atividade. Ilumino o ambiente e me sinto feliz com isso. A minha luz aumenta quando encontro outras lâmpadas, que são as pessoas, e as considero e amo. Também sou beneficiado pela minha luz. Diante da escuridão, da necessidade, da infelicidade, tomo-me de fôlego, encho o peito de esperança e a luz assume o tamanho da crise, anulando-a. Quero ser sempre digno da minha luz que vem de Deus. Estou consciente de que a aumentarei na proporção do meu amor, espírito de luta e esperança. Agradeço a Deus pela minha luz.

A luz é mais forte onde nasce.

96

Achegue-se ao seu mundo interior como quem se acerca de um jardim de flores belíssimas e perfumadíssimas.

Cada uma dessas flores representa uma virtude, uma capacidade, uma firmeza, uma alegria, uma esperança e são nascidas e mantidas no adubo da sua boa vontade.

Não deixe que as suas flores se murchem por falta de trato e amor. Transporte para fora o perfume desse jardim, a lhe sair pelo olhar, voz, gestos e atitudes.

Jamais aceite carregar por dentro um deserto, um vazio, um depósito de coisas imprestáveis.

Tudo em você é muito belo.

O seu jardim íntimo é o resultado de sua fé em si mesmo.

97

O poderoso califa Omar manda chamar a serva Sara e pergunta-lhe:

— Como pudeste afirmar conhecer um reino superior ao meu?

— Não vos aborreçais, ó grande soberano, afirma, respeitosa, a serva. Conheço, sim, outro reino, superior ao de Vossa Majestade, mas ele não pode ser visto com os olhos, nem tocado com as mãos. Muitíssimo superior aos reinos exteriores, por ele ando, desfruto de delícias, encontro a água da esperança e o clarão da paz. Esse é o reino interior, que a maioria não conhece.

— Corajosa és, Sara, replica Omar, e despertaste-me para a realidade.

Somente nesse belo reino encontrarei a felicidade.

98

Há uma força da vida em você que é só amor e quer manifestar ideias para o bem e o progresso.

Não impeça a força da vida.

Se uma ideia otimista surge e você coloca uma pessimista sobre ela, abafando-a, a otimista não vinga. Se vem a ideia para acreditar em você, nas suas qualidades, no seu progresso, no país ou em Deus e você a sufoca, ela morre antes de nascer.

Se o pensamento que predomina em você for de decadência, como nascer a esperança?

Acredite em si mesmo.

Não se opor às ideias positivas é deixar a vida viver.

99

Não se predisponha a ver defeitos, criticar, falar de catástrofes, crises e problemas.

Esses tipos de assunto, por serem tristes, queimam o coração de quem ouve, fazem sair chamas de pessimismo pela sua boca, expressão e gestos.

Seja alegre e comunicativo. Conserve as boas amizades. Tenha ânimo e resistência nas crises e lutas. Acredite que é do seu tipo de agir que vem o bom êxito, não lhe faltando condições internas e disposição para vencer.

Sustente o ânimo.

O pessimista é como a fruta amarga à beira da estrada, ninguém quer.

100

Tire lição dos erros.

Pense desta maneira: **arrependo-me dos erros, mas a vida segue para frente. O que ficou para trás, ficou. Acredito no poder de Deus e empreenderei esforços para não fraquejar outras vezes. O poder de recuperar, amar e vencer palpita em mim. Após os erros, volto melhor que antes, como as árvores decepadas que renascem mais fortes. Farei da minha vida, daqui para frente, um acerto. Mesmo que surjam embaraços, dores, problemas, usarei força e vontade. Chegarei a bom termo. Nada tenho a reclamar. Confio em mim e na bênção de Deus.**

O erro aproveitado evita sofrimento maior.

101

Por que achar que a vida é má, que não tem bom futuro, que não há mérito em trabalhar e esperar o sucesso?

Não pode haver sucesso nos que entregam o coração ao vício, ao desespero e, quando em situações dolorosas, não fazem uma reflexão séria para encontrar a saída.

Com você não pode ser assim. Guarde no coração pelo menos um pouco de esperança e fidelidade aos princípios cristãos e amorosos para empregar nas horas certas. Trabalhe dentro de si para ser melhor. Desenhe na mente a prosperidade e ela chegará talvez antes que você a espera.

Mais otimismo é muito mais progresso.

102

Pense num bom destino e não carregue mágoas só porque teve problemas e decepções.

Tire da mente o que for decadência, doença e morte. Incline-se para o lado bom e belo, e acredite estar a sua vida em direção ao aprimoramento e esplendor; sinta ser possível a renovação, tal como nas árvores surgem os brotos, as flores, os frutos e, nas crianças, o sorriso de esperança.

A beleza, o vigor e a alegria da natureza movem-se também dentro de você, não se justificando lembranças tristes e visões de mau futuro.

Acredite no Grande Criador.

Ninguém tem um destino melhor do que o seu.

103

O aluno João queixava-se ao professor de Psicologia.

– "Não sei o que quero e o que devo esperar, nem sei se tenho paz, se sou alegre ou triste. Oriente-me."

– João, diz-lhe o professor, cuide de acreditar em si para superar as dúvidas. Não fique preso ao **ego** que é exterior e máscara, mas ao **eu** que responde aos pensamentos. Se você pensar negativo, criticar, queixar-se, ser egoísta ou triste, vêm as dores, os vazios, as dúvidas. Se pensar positivo, crer em Deus e em si próprio, virão tranquilidade, firmeza, bem-estar e solucionará os enigmas íntimos. Entendeu?

– Sim, respondeu João, serei positivo e seguro de mim.

104

Ponha na mente bem-estar, trabalho e esperança, que são sinais de fortaleza e despreze o que for tristeza, problematização e desespero, que são sinais de fraqueza.

A mente, se bem dirigida, aperfeiçoa e melhora a vida, eleva você a alturas não imaginadas e faz jorrar saúde e alegria.

No momento de dúvida, problema ou desentendimento, pense decidido, otimista e amoroso que a ocorrência negativa passa, não podendo nenhuma situação arrojar você aos abismos de incerteza e dor.

Confie na sua mente.

A sua mente tem a finalidade de fazer você feliz.

105

Para conseguir a calma, pense no azul, da seguinte forma:

Tenho recursos para me recuperar de abalos. Tenho confiança nas minhas qualidades que podem me levar à felicidade. Vou agora pensar no azul. Um azul lindo, clarinho, como o céu. Demoro-me o mais que posso contemplando o azul. Faço-o penetrar em todas as coisas, até em mim. Tudo é azul, bem azul. Terei, a partir de agora, modificações agradáveis, sensações novas, um desejo de respirar mais fundo o ar do descanso, da paz e assim faço. Agradeço a Deus este momento.

O azul acalma quem quer se acalmar.

106

Confie no poder da mente.

É a sua mente que pensa, planeja, retém informações e encontra as soluções, bastando que nela creia e se veja com valor e perfeição.

Aceitar ter mente restrita e incapaz é jogar para dentro o tolhimento, o vazio, a frustração, restringindo o progresso, a alegria e a paz.

Não menospreze os valores da sua inteligência. Você tem imensa capacidade de raciocinar, responder às emoções, achar soluções nos problemas complicados ou dolorosos e mudar o sentido da vida.

Mente clara é luz no caminho por onde você passa.

107

Não deixe cair o seu ânimo perante as situações difíceis.

Mesmo com esforço, exerça o controle das emoções e procure o conforto interior. Desenvolva as ideias boas, altruístas e positivas que geram esse conforto interior e afaste os pensamentos maus ou raivosos que originam decepções e revolta.

Vigie-se. Não cause agravo a ninguém e nem se sinta agravado. Toda tristeza negativa, ódio ou egoísmo deixa em você um sinal negro, como o rastilho de pólvora na arma de fogo.

A paz e a vitória sobre si mesmo são criações suas.

108

Não invoque o pessimismo e a infelicidade para que não apareçam e façam um estrago na sua vida.

Seja você quem acredita no futuro, crê na realização das ideias, não se deixa abater e tem uma palavra de esperança na dificuldade.

Faça funcionar as suas qualidades. Invoque, busque a capacidade, a força, o sucesso para que surjam e levantem você. Chame de dentro de si o poder de realização e pense desta maneira: **"Sou forte diante dos problemas. Confio em mim. Tenho um futuro belo nas graças de Deus. Não prejudico a ninguém. Nada tenho a temer"**.

A sua vida é o resultado do que você pensa.

109

Dizia aquela moça:

— "Não quero me casar e ser uma dessas "amélias", cuidando de casa, lavando fraldas, suportando o marido, ficando velha e acabada. Quero me vestir bem, sair, passear, conhecer pessoas, ser mais eu mesma".

E, se assim disse assim fez, rodou o mundo, gozou de liberdade e prazeres, até que a solidão a apanhou.

Arrependida, ouviu a consciência a dizer: "Você ficou na exterioridade, na ilusão. Não desenvolveu relacionamentos profundos. Melhor seria se tivesse tido amizades verdadeiras, fosse mãe ou amasse de verdade".

E ela compreendeu, num relance, que o amor é o pai da felicidade.

110

Fortaleça-se com estas palavras:

O meu computador interno, bem programado e potente, resolve todas as questões, sejam quais forem. Tudo é solucionado, nada para mim é problema difícil. A tudo considero como a meu favor e isso desarma o problema desde o início. Tenho confiança em meus recursos de inteligência e vontade, em obediência a Deus. Sou feliz cada dia porque os assuntos são digeridos internamente e isso me livra dos inconvenientes do nervosismo. Agradeço a Deus por me fazer como sou e espero o futuro com alegria e paz.

A força interior aumenta quando reconhecida.

111

Não se ponha contra o mundo, com pensamentos assim:

Ninguém me ama. A vida não presta. Nem Deus me atende. Sou infeliz e azarado. Não tenho futuro.

O mundo é amigo de quem gosta dele. Não pense que Deus e as pessoas estão contra você só porque tentou e não deu certo, queria e não recebeu ou sofreu inesperada ofensa. Essas circunstâncias são testes que reforçam sua força e qualidade, fazendo-o mais rico em personalidade, sentimento e inteligência. No fundo, beneficiam você.

Acredite nisso, ame o mundo e não se revolte.

De uma forma ou de outra, o mundo lhe devolve mais do que você a ele dá.

112

Se um obstáculo repentino ou uma dor rebaixar o nível de sua esperança, levante-a novamente com o pensamento de ser filho de Deus, crendo que há uma luz mais à frente.

Ponha-se na direção do que é bom e esse bom começará a aparecer, pela força do pensamento positivo. Se imaginar o mal, a descrença, o negativo, e querê-los, abrirá uma porta a eles e à infelicidade.

Tudo depende de você.

Inicie agora uma vida de mais esperança. Caminhe firme e tranquilo, usando paciência e amor e os bons resultados logo aparecerão.

Há algo muito bom esperando que você esteja preparado para recebê-lo.

113

Confie em si mesmo e dê novo rumo à sua vida.

É duro viver sem sorrir, esperar o pior, imaginar a doença.

Seja otimista mesmo na maré baixa. O otimista, quando perde o emprego, a namorada ou enfrenta um problema, pensa logo: "arranjarei outro emprego, encontrarei outra namorada; este problema não é nada para mim." Ele sempre resiste e vai em frente.

Qualquer problema, visto com temor, se agiganta, assume grandes proporções, machuca, perturba, mas esmorece e some, se encarado com coragem.

Queira ser feliz e será.

Quem procura ser melhor, encontra o rumo da felicidade.

114

Creia firmemente numa força grandiosa dentro de você, atuante, disposta a romper barreiras, a fazer a paz e a prosperidade, sem nunca ser vencida.

No momento do problema, na hora do pique mais alto da dor ou da espera, use de imaginação, de talento, de resistência e anteveja um novo sol, uma nova saída, uma modificação para melhor.

Não pense que o problema está além de suas forças, a fim de não dificultar a solução. Julgue-se forte, com condições de vitória, com o tempo a seu favor e forçará a vinda da solução porque o problema se mostrará diminuído.

Não sucumba.

É na hora mais dura que se mostra o valor verdadeiro.

115

Para devorar problemas, pense desta forma:

Para mim não existem problemas. São apenas questões, assuntos a serem tratados e não enigmas complicados, furacões devastadores. São pequenas nuvens que dissolvo com um simples sopro. Assim entendo porque tenho objetivos mais altos, trabalho em direção a um estado superior de paz e contentamento. Nesse sentido, luto e, se preciso, sofro. Acredito num bom dia, num bom futuro. Considero-me feliz por desfazer os embaraços com uma capacidade que vem de Deus e me beneficia integralmente.

Quem não é problemático não tem problemas.

116

Se você anda desanimado e não lhe bastam as palavras de incentivo, se nada está conseguindo fazer você acreditar em si, então utilize o poder do sono.

Na hora de dormir, entregue a Deus os seus problemas, o seu estado de espírito, as suas carências e aflições. Afirme confiar no poder do Grande Pai e durma.

Assim agindo, surgirão transformações na mente e rebaixará o nível da tensão.

No sono, você captará as ondas do amor divino, que não tem conseguido atrair acordado, por estar sobressaltado e descrente.

O sono é um precioso recurso para obter o ânimo.

117

Você merece fluir a vida no que ela tem de positivo, no que ela tem de valor e alegria, até as mais altas expressões.

As ideias negativas, os ódios e fracassos esmagam o cérebro, tolhem as oportunidades no nascedouro, afugentam as boas amizades e fazem a vida pesada e infeliz.

Faça tudo com sentido de energia, pureza e honestidade e essas virtudes se concretizarão dia a dia e mais a mais, levando você à felicidade. Seja inimigo das ideias negativas e evitará um grande mal.

As ideias positivas sinalizam o caminho dos céus.

118

Julgue-se capaz.

Não espere que os outros façam aquilo que você mesmo pode fazer.

Tenha iniciativa, confie em si e siga adiante. Marque presença no mundo à sua volta e principalmente no mundo de dentro de você, usando-o, acionando-o, fazendo-o pôr para fora a competência armazenada.

Reconheça-se forte e inteligente, sem ter feito ainda tudo o que podia. Veja-se com sangue novo, com beleza, esperança e paz, com um desejo forte de mudar o que possa ser mudado e chegar ao melhor e ao mais perfeito.

Demonstrar confiança na própria força é condição firme de progresso.

119

O verdadeiro otimista não é o que aguarda que tudo aconteça como quer, mas o que confia tanto em si que, qualquer desfecho, mesmo o desfavorável, é aceito sem reclamação, nada fazendo-o infeliz ou desequilibrado.

Mais importante do que um ou outro resultado favorável é a confiança que se adquire em si mesmo, por ser ela a matriz, o centro orientador dos objetivos, a geradora dos sucessos e alegrias. Isso é o que se chama **pensamento positivo:**

Crer em si, nas próprias qualidades, no poder de não se abater, de resistir, de estar em equilíbrio e paz em qualquer situação.

O homem faz o próprio destino.

120

Você pode mais.

Pense assim: eu posso mais. Mesmo com esforço, arranco de dentro de mim a força positiva. Tenho mente prodigiosa. Não me ponho limites. Ainda que atolado no pântano das necessidades e problemas, tenho resistência para sair dele, fazer a cura e restabelecer o equilíbrio. A força está em mim. Uso-a. Não me problematizo, qual os que andam cabisbaixos e vencidos, ignorando a força que possuem. Resolvo os problemas e clareio as ideias, convicto do que faço, firme nos objetivos, com fé e ideal. Acredito sincera e fortemente na força e na capacidade que Deus me deu.

Poder mais é se esforçar mais.

121

Esperança, concórdia e calma são as palavras de ordem para este dia.

Obedeça à ordem de comando destas palavras que são as virtudes e o clamor dos valores que fazem uma paz sem limites, uma vida de verdade e sem fronteiras.

Não se ponha a contemplar desacertos e insucessos. Coloque, no lugar das ideias depressoras, as de levantamento, ânimo, esperança e alegria. A felicidade precisa ser procurada, querida, desejada, intensificada.

Ame ao máximo, aprecie o que é bom. Silencie a voz de crítica, tristeza e maldade. Siga o cântico da natureza, a simplicidade da vida e o pulsar do amor.

Você é mais do que pensa ser.

122

Não espere que a melhoria, prosperidade e bem-estar caiam do céu milagrosamente, sem fazer força.

Tudo tem o preço da conquista, da busca, da participação, do esforço.

Aproveite as horas e os dias, planeje, faça o seu futuro, persista nos bons projetos. A vida deixa para trás o inerte, o incapaz, o medroso.

Capacidade é feita para usar. Use a força de vontade, confie em si, aja, trabalhe decididamente. Vá em frente. Não dê ouvidos aos derrotistas e a vitória será sua.

Deus sorri para os que usam os talentos que têm.

123

Preocupando-se consigo, achando os outros ruins, a situação difícil e a vida chata, a consequência natural é ter o olhar tenso, a testa sombria, o sorriso seco, a cara feroz, até mesmo sem se aperceber do mau-humor.

Se estiver nessa situação e quiser modificar-se, adote o amor, o otimismo, abra os pulmões e respire o ar da alegria, descontraindo-se. Reconheça-se maravilhoso, com força para anular a tristeza, renovar-se, construir o progresso e chegar à felicidade. A vida não deve ser mal vivida, desprezada e humilhada. Valorize-a.

A sua cara é o que você sente por dentro.

124

É você que faz o problema.

O problema é grave e difícil para um, mas fácil e simples para outro, posto que variam a inteligência, a energia e o sentimento de cada qual.

Se você ficar vacilante, tímido, ou mesmo raivoso, o problema se avoluma, se complica, mas, se for decidido e calmo, ele se reduz, facilitando a resolução.

Não mostre fraqueza, nem julgue o problema difícil, para não sofrer com a resistência dele. Considere-o simples para que ele assim se torne.

O problema só é grande para quem é pequeno.

Quando você cresce, o problema desaparece.

125

Pense na felicidade e fale:

Tenho poderosos germes de felicidade dentro de mim. São sementes radiantes, fortidão, vida latente. Resistem, de muito, as pressões da infelicidade que clamem por negar, desamar, amaldiçoar, mentir. O meu futuro depende das decisões de agora. Se me viciar e desanimar, não receberei bons prêmios. Mas, se der mais do que receber, alcançarei o bem e chegarei à felicidade. Estou a caminho de ser feliz. Preparo-me. Confio, desde agora, em Deus, em mim e me ponho em campo, certo de que serei o que almejo ser.

A felicidade começa em quem tem um bom princípio.

126

Acredite no poder da oração.

As boas intenções empregadas na prece deixam um ambiente psíquico e espiritual favorável ao aparecimento de melhorias, criando estabilidade interior, abrindo a inspiração para fazer belos planos de vida, vencer problemas difíceis e obter uma saúde completa.

Na hora da oração não faça pedidos e mais pedidos a Deus. Entregue-se nas mãos Dele, crendo que Ele sempre responde à oração que parte do coração. Creia estar em comunhão com as forças que a tudo comandam, nada devendo temer.

A oração sincera libera benefícios que não vinham por causa da mente egoísta.

127

Se o problema é o mal-estar que restou por ter agido como não queria ou que provocou o pior efeito, lembre-se de que a esperança, o tempo e a busca da solução a tudo resolvem.

O que ficou de uma discussão, briga, mau trabalho, mau acordo, ou mesmo o que aconteceu neste momento, daqui a pouco estará mais ameno, razão porque você não deve se desesperar ou irritar.

Creia em Deus e tenha esperança. A esperança, por si mesma, já é uma mudança, ficando o resto por conta do tempo e das suas providências.

Quem tem um sol interior não teme a noite dos problemas.

128

Nada pode atingir o seu íntimo, se você não quiser.

Se foi ou for ofendido, lembre-se de que quem ofende é doente e siga em frente. Se não está como gostaria, se em volta é só dor, tristeza, lamúria, preserve o coração e se abandone nas mãos de Deus.

Não tema, mesmo que o forcem a fazer o que não quer, mesmo que tudo conspire para fazê-lo nervoso e desesperançado. Nada, nenhuma pessoa ou coisa, de mal ou mesmo de bem, pode dirigir você como se fora um autômato.

Reconheça-se uma fortaleza contra o mal, o medo, a fossa e a revolta.

Amar a si mesmo é a maior proteção que existe.

129

Para avançar ou resistir, pense na força que tem.

A força vem conforme os seus pensamentos. Se quiser avançar pense que pode fazer, que aparecerá uma solução, que será bem-sucedido e, se for para resistir, pense que não se abala e que sabe se defender.

Se você se tratar como fraco, como fazer aparecer a força?

O seu pensar positivo produz força, alegria, paz e o pensar negativo fraqueza, revolta, desespero, motivo pelo qual deve preservar a mente, evitar erros e crer no infinito potencial que possui mercê da bondade de Deus.

Considere-se forte.

130

Para hoje, reserve estes pensamentos:
Não quero ser como os que fazem de todo assunto um monstrinho e se assustam com ele, como se usassem o pozinho do mal. Sou totalmente diferente. Toda questão, mesmo que pareça um monstrinho, vai se tornar rosa perfumada mediante a mágica da minha consideração. Será rosa porque não a temerei, não a considerarei um mal, uma opressão, algo que não deveria me aparecer. Será perfume.

Porque dela procurarei extrair um ensinamento útil.

Só usarei os pozinhos de confiança, otimismo, amor e assim viverei bem. Agradeço a Deus esta compreensão e por ela sou feliz desde já.

A compreensão é a mágica da vida.

131

Pense: "não sou inteligente e bom?"
Então, creia nos seus valores, creia que o amanhã será melhor e que essa melhoria está começando agora; abandone de vez o mal, o engano, a ilusão, deixe de se maldizer e desaprovar. Desamarre-se do atraso, lance-se para o amanhã, acenda uma luz.

Seja otimista. Só o otimismo gera a tranquilidade e as condições de progresso e de viver bem. O pessimismo é só ódio e preocupação. Não merece visitar o seu coração.

Ser otimista é respeitar a si mesmo, a Deus e ao mundo.

132

Para levantar a paz interna, abalada por revés no sentimento, pratique o perdão.

Pense assim: **Bom seria se tivesse alguém com quem desabafar, mas ninguém melhor que Deus. Vou abrir o meu coração e contar o que vai no meu mais fundo. Preciso perdoar e desejar o bem à pessoa que tenho em mente. Esse bem, mediante o poder de Deus, retornará a mim e me acalmará com uma boa solução. Nesta ou em qualquer outra situação, levantarei o moral, não me lastimarei nem esperarei o pior. Vou desviar o pensamento para coisas amenas, alegres, belas e farei mudanças benéficas.**

Deus tem um remédio para cada dor.

133

É importantíssimo ter Deus consigo.

Quem tem Deus chega a ver um anjo em cada pessoa e se interessa por ela; enxerga na dificuldade um ensinamento, uma chance. Se cai, levanta-se, encara o dia de frente, vê no mundo uma escola; acredita nos valores do espírito, na paz, na felicidade.

Tenha Deus com você, mesmo que tudo se afigure difícil, duro, imodificável. Ponha o coração nas mãos Dele. Os problemas somem quando a fé chega.

Os problemas não existem para Deus nem para quem está com Ele.

134

Não se aceite atolado em falhas, como um mero pecador, destinado ao nada, à lama, à morte.

É claro que você ainda não chegou à perfeição dos anjos, mas não pode se desprezar, pois que tem uma essência interior pura e linda como um diamante, e isso é o que interessa.

Você não é um pecador.

Quem se acha um pecador, um mau, um fracasso abre uma brecha por onde entram o pessimismo e o insucesso. Quem se vê puro e bem-sucedido, atrai para si a alegria e a prosperidade, fazendo-se mais como pessoa, fazendo-se mais feliz.

Deus vê o tanto que você é bom.

Não se considerar um pecador é fugir do pecado.

135

Anule o pensamento negativo da seguinte forma:

Venço o pensamento negativo. Ele me aparece, se esconde, insinua, reveste mil formas para enervar, prejudicar, ofender. Dou valor a outras mil maneiras para agir positivamente, falar e atuar no que beneficia, eleva e desoprime. Minha força interior é amiga do que é bom e positivo, mas carrasca do mal e negativo. Resisto às tentações para falar mal, acusar e lamentar. Evito as más consequências. O meu pensar positivo é crer em Deus e em mim, ver o lado bom de todos, esperar um bom futuro. Digo que sou feliz e assim fica.

Pensar positivo é deslizar mais suave pela vida.

136

Para ser feliz, creia em si, segure os nervos, levante-se das quedas, sustente o entusiasmo e aperte a trilha do egoísmo.

Não combina querer viver bem, ser feliz e deixar crescer o desânimo, perder tempo, desprezar a paz, o crescimento interior, recolher dentro de si os fantasmas da ilusão e do medo.

Você foi feito por Deus para ter ânimo, ser alegre, sensível, chegar à doce paz, ser totalmente feliz e assim deve ser.

Faça um plano de vida e se ponha a caminho da felicidade.

Quando você estabelece um roteiro, a felicidade fica logo à vista.

137

Em virtude do aperto financeiro, da exploração de uns sobre os outros, do vasto desequilíbrio, você chega a pensar:

"Como ser otimista hoje em dia?"

Mas não se iluda, nem absorva o pessimismo do lado de fora. Recuse-se a ser um aflito a mais e diga confiante: **Não considero o que ganho insuficiente, pois muitos ganham menos, mas mesmo assim vou aumenta-lo de forma honesta. Usarei a minha inteligência. Batalharei. Não perderei o fôlego nem o otimismo. Tenho certeza de que vou vencer e melhorar de vida porque confio em Deus e em mim.**

Sua força interior é invencível. Acredite nela e tudo sairá bem.

Só é verdadeiro o otimismo quando a dificuldade é grande.

138

A respeito de outra pessoa, não pense ser superior porque ela tem defeitos e você não.

Todos têm mais qualidades do que defeitos. Saiba apreciar as qualidades e faça um ato de respeito e amor.

Quanto mais identificar os pontos positivos dos outros, quanto mais amá-los, mais vem deles igual consideração.

A boa consideração gera a boa consideração e a má gera a má; é a lei da reciprocidade, do intercâmbio. Se se dedicar a anotar e se prender aos defeitos deles, sentir-se-á atraído a ser como eles, fazendo mal a si mesmo.

É um grave defeito não ver os próprios defeitos.

139

Olhe para dentro, siga os próprios pensamentos, entenda-se consigo, com a sua maneira de ser e sentir, com as suas esperanças, defeitos e qualidades.

É você mesmo que faz a felicidade, o sucesso. Por isso, manifeste forte confiança no seu poder interno, na sua inteligência, competência e capacidade para resolver todo e qualquer problema.

Ponha bem alta a bandeira do ânimo e da esperança, sem se dobrar às dificuldades. Use a força do amor, do convencimento, da tranquilidade, da humildade e saia com a vitória nas mãos.

Na força íntima que Deus lhe deu está permanente vitória.

140

Ponha em prática estes pensamentos:
Não deixarei o meu íntimo desprezado, como uma bela roupa entregue às traças, uma lavoura praguejada, um castelo apedrejado. Manterei o intimo limpo, arejado, bem tratado. Não serei desrespeitoso com os outros porque isso são as traças devoradoras. Não pensarei como vitima indefesa porque isso são pragas na minha lavoura. Não adotarei violência ou mau-humor porque são pedras contra minha natureza. De verdade, protejo o meu interior com amor, fé em deus, esperança no futuro e faço o melhor que posso.

O cuidado consigo próprio rende felicidade.

141

Busque a paz.

Não a paz chocha, defeituosa, incompleta, mas a maior, contagiante e pura, a que você merece.

Você nasceu de Deus e tem o destino dos planos elevados e das realizações valiosíssimas.

Tome bastante ânimo, abandone o que seja mesquinhez, medo, negativismo e mova-se persistentemente em direção à paz, afirmando com convicção: **tenho paz imperturbável. Estou no lugar certo. Nenhum problema pode me abalar. Meus dias são de alegria. Vivo sob as bênçãos de Deus.**

Assim pensando e praticando, a paz se assenta em você.

A paz é o melhor que existe.

142

Achando-se forte a força aparece.

A força interior para realizar bem, como quer e precisa, vem do exercício, esforço e busca.

Não se considere fraco, sem recursos, incapaz de amar, progredir, resolver problemas e ser feliz.

A força está dentro de você, desde que nasceu, em essência, latente, esperando que a reconheça e desenvolva. Sem a disposição para ser melhor e vencer, ela fica sem uso, desprezada e não vem à tona.

Acredite na força, faça o seu progresso, avance firme.

Só é forte quem exercita a força.

143

Às vezes você está em folgadas condições para ferir, criticar e impor a sua vontade, mas pense antes de agir.

Se você está em paz, não vá perdê-la com isso e, se não está em paz, não aumente a insatisfação com as palavras duras que terá de usar e que atingirão primeiramente a você antes de chegar ao alvo.

Não se deixe envolver por emoções do momento, nem planeje ou faça algo que revolte os outros. A sua paz depende da deles e se perder a calma, perderá o dia e manchará o futuro.

Conserve a paz.

A paz depende de educação na moral.

144

Se a situação puxa você para baixo, empregue energia para cima.

Se contratempos, doenças, desavenças, carências e lutas cansam a sua mente a ponto de não saber o que fazer, dê uma parada e examine tudo com calma.

Deixe penetrar em você o otimismo e a confiança nas boas soluções. Mentalize o que é bom, acredite sinceramente em si e no poder de Deus, e aceite como certo o êxito, afastando o medo e a derrota.

Com uma crença maior, com mais otimismo, você encontrará, sem dúvida alguma, a vitória.

Deus fez você para as estrelas, não para o chão.

145

Sinta-se com perfume interior e expresse esta convicção:

Preencho o meu íntimo de alegria, vida, esperança. Tenho dentro de mim uma máquina de lavar que tudo deixa claro e perfumado. O que for sujo, os problemas mais difíceis, ali entram e se tornam limpeza. O pessimismo, o mal, ao contrário, fazem das pessoas fábricas de fumaça que a tudo escurecem. Qualquer assunto, mesmo leve, que nelas entra, sai um problema, uma aflição. Amo minhas oportunidades de viver, as experiências, os aprendizados e sou feliz.

Bate mais feliz o coração do otimista.

146

Guarde a esperança.

Tenha-a permanentemente ao coração, aconchegada e firme. Ela se baseia na confiança em si, na fé em Deus e no movimento do tempo e da vida, devendo, por isso, ser companheira diária.

Use a milagrosa força da esperança para afugentar os azares do desânimo e da tristeza, construir mais elevação, mais paz, resolver situações dolorosas, proteger o sistema nervoso.

Mantenha a esperança. Não esmoreça. Confie no poder que tem e verá os resultados. Quanto mais esperança, melhores os resultados. Exercite-a.

Uma esperança concreta é uma vitória certa.

147

Nenhuma pessoa tem futuro melhor que o seu.

Deus, o tempo, o amor teceram para você uma felicidade destinada a se concretizar infalivelmente, não podendo ninguém ocupá-la em seu lugar.

Ainda que as atuais aparências e condições sejam desanimadoras, pense renovado em direção à esperança, aqueça o coração de amor, cale as críticas e lamentações, reconheça-se forte e descubra a felicidade, assim como se descobre um tesouro.

Não empurre a felicidade para longe. Atraia-a e se concretizará hora a hora, dia a dia.

A divina lei da natureza humana é subir sempre.

148

Mesmo que você se considere um grão de areia, seja um grão de areia que reflete a luz do sol.

Julgue-se com qualidades e abomine as ideias de descrença no seu valor, fazendo-o de imprestável.

Confie na sua natureza íntima. Sinta possuir uma centelha de vontade, amor e harmonia que nada neste mundo pode comprar ou substituir.

Reconheça poder crescer infinitamente. Você é uma lâmpada ligada à corrente universal que não se extingue jamais.

Tendo apoio, o grão de areia levanta a Terra.

149

Pare de se preocupar com o exterior e mire o seu interior.

O seu íntimo tem sede de progresso, paz e alegria; precisa ser cultivado, buscado, contactado, exercitado.

Você pode ser muito mais do que é, assim como um tesouro que se descobre aos poucos. Deve construir-se em todos os sentidos, ser mais gente, ser um coração que pulsa com mais sentimento, uma mente que trabalha com mais firmeza. Confie nas condições interiores e elas se expandirão.

Busque e achará.

Quem quer se fazer é como entrar num campo virgem, a terra é boa, mas precisa plantar.

150

Não tenha medo de proclamar:
Ando com a cabeça levantada, não por orgulho, mas por fé. Tenho os passos firmes, com esperança no peito. Falo com justiça. Respeito a todos. Vejo-me com plena saúde e espírito alegre. Acredito em mim, na minha capacidade, no poder de Deus, e estou na direção de um grande bem-estar. Não fico recuado, amuado, como se fosse desprotegido e infeliz. Não me impressiono com dificuldades. Ponho a inteligência a funcionar. Aprendo a manejar a minha força e bendigo os dias e as oportunidades.
O pensamento positivo faz o gênio.

151

Não pense ser feliz apenas quando ganhar na loteria, quando tiver a casa própria, o bom emprego ou melhorar de condição social.

Você pode ser feliz logo.

A felicidade depende de resolução, de ardente desejo de busca, de querer encontrá-la. As situações de riqueza, pobreza, doença, desemprego influem, mas não tomam o lugar do principal: a decisão própria.

Nos lances da vida, apoie-se nas qualidades, veja-se conduzido pela mão de Deus e solte calorosos agradecimentos.

Esforce-se.

O esforço é para a felicidade o que o adubo é para a planta.

152

Não é possível errar e convencer-se de que não errou, mentir, enganar, trair, esconder e convencer-se de que não mentiu, não enganou, não traiu, não escondeu.

Se fez algo condenável, assuma o que fez e corrija a falta. O erro assumido é um alvo que você acerta e desfaz, mas o erro escondido é uma bolinha de ferro numa engrenagem.

Enfrente a realidade. O peso da realidade é mais leve que o da consciência culpada. Se não convier usar palavras, manifeste a vontade pela ação e siga em frente. Não é por causa de um erro que tudo está perdido.

A autenticidade limpa o caráter como a chuva forte purifica o ar.

153

Uma pessoa amorosa emite alegria, firmeza e esperança; é sempre benquista e lembrada com carinho.

Tenha amor. Procure ouvir com paciência, falar sem agressidade ou azedume, mostrar interesse pelos outros, e ajude no que puder. Fale a palavra amiga e sobre assuntos alegres, sorria, distribua simpatia. Jamais aponte os erros dos outros, a não ser com proveito para eles.

O amor você dá até por um aperto de mão, por um olhar, uma palavra ou um silêncio.

Não descreia do amor.

Amar é ver Deus dentro das pessoas.

154

Por que desanimar?

Mesmo que esteja carregado de problemas, não abandone o ânimo. O desânimo só pode levar você a uma decadência maior e a fazer a infelicidade dos outros.

Reaja. Coloque no peito pelo menos um pouco de ânimo, um pouco de fé e esperança e terá logo bons resultados.

Lembre-se de que todos os problemas têm solução e que é o seu ânimo que a atrai.

Anime-se. Existem muitas pessoas que dariam tudo para estar no seu lugar.

Quem desanima prefere a terra ao céu.

155

Para defender o tesouro interior, pense:

Até as portas do céu são vigiadas e por isso me vigio. Defendo o meu íntimo de más influências, como um banco que põe guardas na porta ou como um pára-raios que desvia as descargas negativas. Só deixo entrar em mim o que é bom e limpo, como a esperança no amanhã, a fé no poder superior, a crença na ação que vence problemas e atritos. Nas horas mais graves, oro a Deus, seguro de que serei atendido. Defendido o íntimo, experimento o prazer de viver.

A melhor defesa é a confiança no Deus interno.

156

Por que se desinteressar da outra fase da vida?

Para ter otimismo real, acredite que sua vida é eterna, que entrará em nova fase, onde aumentará a paz, nada havendo a temer.

Creia na continuação da vida e comece desde já a se preparar. Não deixe para resolver tudo depois. Agora mesmo, voce tem oportunidades e condições para fazer o bem e amar. Amar também a si mesmo, fazer funcionar seus talentos, inteligência e sentimento, convicto de possuir as melhores forças da vida.

Só tem felicidade em nova fase quem foi aprovado na fase anterior.

157

Está em você uma incomensurável capacidade de despertar as forças íntimas.

Basta se convencer de possuir muita inteligência e bondade, para dar-se, no mesmo instante, um chamado a essas forças que, de imediato, se põem a postos e passam a realizar as obras que lhes forem determinadas.

Em essência, o seu mundo interno é muito rico, belo e perfeito. Depende de você torná-lo concreto, real, o mais agradável possível. Explore as riquezas de sua mente, cultive-a como se cultiva uma lavoura, combatendo as ervas daninhas.

O seu mundo interior é a mais bela coisa que se possa imaginar.

158

Toda vez que praticar um ato, mesmo pequenino, com um bom pensamento, você o preenche de uma energia que beneficiará você, de uma forma ou de outra, mais adiante. Mas se o fizer no sentido do mal, esse mal, retido, se voltará contra você, mais cedo ou mais tarde.

Tenha equilíbrio e orientação.

Faça tudo com sentido nobre, bondade, esperança, beleza, alegria a fim de receber estas mesmas coisas na volta da vida, o que ocorrerá no momento que delas mais necessitar. Foi Deus que assim dispôs.

No chão, como na vida, colhe-se o que se planta.

159

Hoje, comece por agradecer o dia, logo quando o sol tocar o seu rosto.

Agradeça aos pés, às mãos, à visão, à audição, à voz, pois estão em você para ajudar e ser fiéis instrumentos do seu labutar e do seu vencer.

Você tem ainda a agradecer as condições de família e emprego mas, em especial, agradeça o grande dom de pensar e o do supremo sentir, que são luzes no caminho, fazendo o seu progresso até uma alta expressão.

Confie em Deus e nos seus valores, persista no bom sentido, levante a bandeira do otimismo e da fé, ame e com toda certeza será feliz.

O agradecimento sincero é pingo de paz na consciência.

160

Seja mais como pessoa.

Pense: **quero me realizar como pessoa. Não posso me escravizar às posses, às necessidades. Elas é que devem me servir. Quero me sentir livre para agir, trabalhar, amar, fazer-me instrumento de ideias superiores. Só as minhas conquistas internas, minhas esperanças, meu sentir verdadeiro são permanentes, geram paz e alegria. A minha ânsia de ser melhor, crescer, amar é a de maior significado na vida. É meu desejo natural, próprio de ser humano, um obedecer ao ritmo da natureza e à vontade de Deus.**

A realização como pessoa é a maturidade de espírito.

161

Você faz a vida.

O que você aceita como verdadeiro se consolida, se materializa. Por isso, para ser bem-sucedido, tenha boa imagem de si mesmo e ponha valores na mente e no coração.

Acredite que pode encarar a vida de frente, transformar-se, resistir a adversidade e a dor, deixar de depender do supérfluo, afastar o pessimismo, amar mais que antes e trabalhar pela paz, e tudo isso será realidade incontestável.

Diga e repita sempre: **tenho amplas condições, estou em franco progresso, o meu futuro será belo. Sou feliz desde já.**

A realidade nova é o seu agir de agora.

162

Pessimismo, descrença, insegurança, críticas, tire essas palavras do seu dicionário.

O pessimismo é terrível, põe você contra as pessoas, contra Deus e o mundo, impede as esperanças e a vinda das coisas boas.

O otimismo, ao contrário, só faz bem, pois atrai o que é bom, abre as oportunidades, traz alegria e ajuda na solução dos problemas. É força da vida posta para ajudar você, com a capacidade de fazer o que é mau virar bom, o que é ineficaz e imperfeito tornar-se eficaz e perfeito.

Seja otimista.

Com otimismo, as coisas boas acontecem mais depressa.

163

Se você anda tenso e descontente, não se desespere.

Dentro de você estão forças para liquidar o nervosismo e o descontentamento. Forças admiráveis, poderosas, eficientes, mas que só agem se forem arrancadas de dentro com forte convicção e desejo real de solucionar, compreender e amar.

No momento de indecisão, problema ou dor, não deixe que estes se façam de poderosos a fim de não reduzirem você a uma condição humilhante. Reaja, declare-se forte. Pense assim e as forças íntimas atenderão imediatamente ao chamado.

Para o rochedo, as fortes ondas do mar não são mais que carícias.

164

Use a força de vontade.

A vontade é a força que mais opera mudanças, mais faz o bem-estar, a prosperidade e põe você nas alturas.

Jamais se dobre ao desânimo e ao queixume, para não se entregar de bandeja ao sofrimento.

Desfaça a correnteza dos problemas, usando, para a maior carência e necessidade, a maior vontade e confiança em si. Quanto mais acreditar que pode bem fazer, mais surgem na sua mão a boa disposição e o progresso.

Não use a força de vontade para o mal para não ser vítima dele.

A vontade é como a força da semente, a semente faz a planta e, a vontade, o homem.

165

O tempo é meu amigo. Jamais penso estar caminhando para situações de carência e tristeza. O tempo é uma bênção. Faz esquecer ofensas, curar doenças, desaparecer problemas, asserenar o espírito, ressurgir compreensão e esperanças. Quero esperar com paciência. Aproveitar os momentos para amar, corrigir falhas, adquirir conhecimentos, diminuir o peso da vida. Manterei o pensamento alto em todas as horas. Não me fixarei nos aspectos negativos, defeitos e falhas das pessoas e acontecimentos. Aproveitarei bem o meu tempo.

O tempo está sempre a seu favor.

166

Se você está a ponto de perder a paciência, esbravejar, criticar, maldizer, pare antes de assim proceder.

Nem tudo sai como desejamos e isso é natural.

Pode ser que esteja com toda razão, mas "soltar a boca no mundo", agredir, criticar, irá destruir a sua educação, aborrecer os outros, incomodar e lhe tirar a razão, passando a ser culpado ou algoz, quando, na verdade, você não é nada disso.

Pior, ainda, é o estrago por dentro de você, vindo a sofrer, a se contrariar e abater.

Contenha-se.

Não é esmurrando a estrada que você chega ao destino.

167

Acredite num futuro brilhante.

Você pode ser o mais feliz da Terra. Faça um exame do que é, de como vem se tratando. Medite sobre a realidade, sobre o que faz do tempo e como se relaciona com os outros. Desenhe um bom futuro.

Se, a partir de agora, você der o máximo na edificação desse futuro, com esperança, fé em si e no Poder Superior, terá começado a mudar o quadro atual e a se sobrepor como criatura bem-sucedida.

Acenda o fogo do otimismo. Explore o seu poder de luta e terá o grande futuro.

O fogo no palito de fósforo ou na floresta começa de pequena faísca.

168

Ganhara notoriedade o mendigo a dizer: Ajude-me! Sou um pobre miserável! Nada tenho! Ajude-me!

Um menino, vendo-o, pergunta:

Papai, por que ele pede tanto?

Porque ele não sabe que já tem, responde. São muitos assim. Têm muito mais do que alcançariam pedindo, mas pensam nada ter. Basta não se considerarem miseráveis, mirarem a si mesmos como fortes, inteligentes e capazes e modificariam a situação.

Isso, meu filho, é o efeito de uma causa que está nele. Como não remove a causa, há muito tempo não trabalha, não sai do lugar e se considera infeliz.

E rematou: continuará assim até que mude os pensamentos.

169

Ainda que se sinta endurecido, ponha-se diante do espelho, olhe fundo nos olhos e pense assim:

Estou preenchido pela presença divina. Minha face, meu olhar, meu sorriso mostram compreensão, dinamismo e esperança. Estou plenamente confiante em mim e revestido de qualidades valiosas e indestrutíveis. Em todo meu corpo corre saúde, vitalidade e tranquilidade. Não temo a nada, dou-me bem com todos. Resolvo os meus problemas. Sou feliz e quero expandir minha alegria e paz a quem encontrar pelo caminho. Agradeço o que sou a Deus e não desejo contrariá-lo em nada.

A água jorra da pedra mediante esforço e picareta.

170

Tenha fé.

Pense a respeito: **quanto menos fé em Deus e em mim, mais as coisas são difíceis e complicadas.** As horas escoam com dificuldade e ficam pesados os compromissos a cumprir no lar, no trabalho e na rua. Com confiança nas minhas capacidades, inverto a situação e torno a vida leve, fácil, arejada, alegre. A busca da fé é um trabalho só meu. Devo executá-lo com esforço e persistência. O esforço que me trará saborosos frutos de paz e alegria. Modifico, assim, a vida. Entro, agora, em nova faixa, a da fé, do otimismo, da busca da paz e me considero mais feliz.

Ter fé é diminuir a carga dos ombros.

171

Tenha mente grande.

Resista, ao enfrentar dificuldades no lar, estar sem dinheiro até para o insignificante, haver perdido oportunidades, sentir-se debaixo de pressões, carregar a velha mágoa, a dor insistente, o parente difícil, a incompreensão da pessoa amada, ver o tempo passar sem fazer nada de útil.

Se crer em objetivos mais altos, colocar valores na alma e pensar positivamente, tudo isso não é nada. A força das dificuldades terá sido mais fraca do que a resistência e não causará sofrimento.

Uma mente grande é como um caminhão grande, transporta maior peso.

172

Por que fazer de tudo um problema?

Convença-se ser mais forte que as circunstâncias porque tem um reservatório de inteligência e poder, e siga sem medo.

Terá boa segurança mas, se for temer, enervar, desesperar, as forças do reservatório, que são positivas e destinadas a avançar e vencer, se enfraquecem e não podem dar vitória e paz.

Querer é poder. Se você crer que pode, que resolve, que é capaz de trabalhar e ser feliz, isso se efetivará naturalmente.

É pensando nas alturas que se sobe.

173

Para amortecer os golpes da sorte, resistir às perdas inesperadas, às notícias decepcionantes, aos atritos e problemas, e despertar o prazer de ser bem-sucedido, aprenda a ser paciente, a não ferir a ninguém.

Normal é a luta da vida e é para essa luta que você está aqui.

Veja as complicações como superáveis, cada qual deixando ensinamentos que, somados uns aos outros, fazem você experiente e seguro de si.

Mesmo a custo, mantenha a apreciação inteligente, a face calma e o olhar amigo, pois todos querem compreensão.

O bambu se dobra ao vento para não quebrar.

174

Dê especial atenção ao futuro, enterrando de vez o passado triste e culposo.

Vire-se para o futuro com poderosa esperança no peito. Anseie uma verdadeira paz e tenha vontade de progredir. O seu pensamento, voltado para as coisas boas que hão de vir, faz apagar as marcas do passado, como se passasse uma borracha sobre elas, abrindo, com isso, o espaço para a alegria e a prosperidade.

Dê mais valor ao que está por vir do que ao que já foi, a fim de desafogar o coração, ter paz, dormir tranquilo e acordar confiante.

Você atrai para já os melhores dias do futuro quando vive o clima da esperança.

175

Para vencer o mal, pense:

Quero fazer do mal um bem. Pode-se ganhar na loteria e isso ser um mal, e um acontecimento constrangedor ser um bem. As coisas, em si, são neutras e indiferentes. Sou eu que lhes atribuo significado de bem ou de mal, de ótimo ou de péssimo, conforme entenda virem para me ajudar ou prejudicar. Pessimismo é ver só o mal e o atrapalho. Otimismo é retirar o que é bom até dos acontecimentos traumáticos. Entendo tudo como vindo para o meu bem. A minha vontade positiva, pela graça de Deus, faz concretizar o que pretendo e abrir as portas da felicidade.

Tudo é bom para os que estão bem consigo mesmos.

176

Se as coisas caminham mal e há atrapalhos que não esperava, não se considere derrotado.

É a hora de modificar tudo e inverter a situação, enfrentar de rijo. Se pensar fraco, negativo, com descrença, a situação difícil permanece e pode até se agravar, mas, se pensar forte e positivo, a situação sofre abalo e deixa de ser problema.

Desperte o seu otimismo, a sua capacidade, o seu amor e ponha-os a trabalhar, fazendo nascer os benefícios.

Seja dinâmico, aja com confiança e logo verá os dias melhores que espera.

O espírito de vitória é que faz a vitória.

177

Ante um vazio, uma falta de apoio e proteção, como se fosse um desamparo até de Deus, aja imediatamente e melhore o estado de alma.

Pode ser que isto ocorra porque espera demais dos outros, pois, quando as expectativas ou dependências são grandes, também são grandes os riscos de decepção.

Melhor é confiar mais em si, reconhecer que tem fartura de qualidades e dons que, por si sós, são um preenchimento íntimo, uma grande proteção. Ocupe-se em ser forte de ânimo, dinâmico, com horizontes de realização e prosperidade e preencherá o vazio atormentador.

Quem descobre o sentido de sua vida sente a mesma emoção da mãe que encontra a filha desaparecida.

178

Aceite os outros como são e não sofra decepções.

Só por ser contra a sua maneira de pensar não é ser inimigo. Os opostos lhe enriquecem a personalidade, propiciam novos conhecimentos, ensinam a domar o sistema nervoso e a despertar o amor.

Quando estiver diante de um contrário, abra os ouvidos e a razão, ouça e aceite-o. Se sorrir, sorria junto; se estiver sério, respeite; se precisar de ajuda, dê; se o desprezar, esqueça.

Os contrários forçam o nosso desenvolvimento como pessoa e, com isso, muito ajudam.

Às vezes, a distância entre duas pessoas é apenas o comprimento dos braços.

179

É natural querer a sorte na loteria, fazer a vida mais fácil, esperar benefícios por obras do acaso.

Mas não fique na dependência das coisas externas, como se fossem o principal objetivo.

O principal, a base que você deve tratar bem e compreender, é a sua mente, o seu eu profundo, de onde vem a adequada força para vencer as dificuldades. São os seus bons pensamentos e atitudes, a fé em Deus, a visão otimista da vida e a confiança em si.

Creia em si e resolva a situação.

Por falta de base, há quem descubra ouro e se perca nos vícios.

180

Por que estar angustiado e ansioso, como se algo ruim estivesse acontecendo?

Não deixe que nenhuma notícia, questão difícil ou complicação possa ser superior ao seu autocontrole. Relaxe.

De que servirá o sofrimento antecipado ou a angústia?

Reflita. Modere-se. Creia ser superior às influências negativas e levante o ânimo e a esperança. O estado de espírito forte e confiante agiliza as suas forças e atrai as melhorias, as alegrias, a felicidade.

Vigie os nervos.

A máquina em ritmo anormal se desgasta antes da hora.

181

Tome um bom sentido de vida e não se entregue às variações, como um barco sem bússola, amargando derrotas e mais derrotas.

Direcione-se. Forme pensamentos para cima, para o mais alto, com a intenção de vencer, descobrir seu valor, afirmar-se, conseguir o maior ânimo possível.

Quanto mais você toma uma boa direção e nela permanece, mais a vida responde como você quer.

Acione a sua capacidade, ame mais e firmará a evolução. Viva o dia de hoje com a mente positiva e ele será um alicerce para amanhã.

Os seus pés são mais confiantes quando você sabe o caminho.

182

De uma hora para outra surge a criatura mal-educada que lhe dá vontade de responder na mesma altura.

Apesar de tudo, seja de forma diferente. A carranca feroz, o mau-humor é máscara que esconde tristeza ou revolta a pedir: "ame-me, compreenda-me".

Não é soltando as palavras presas na garganta que irá mudá-la. Em pessoas assim, mexem mais por dentro as atitudes de aceitação, de não revide, olhar calmo porque fazem pensar no erro e se envergonhar.

Mantenha a tranquilidade e o pensar positivo. Um sorriso, um gesto, uma palavra, fazem milagres.

O amor é um jato de água no fogo dos mal-educados e odientos.

183

Force os nervos, a mente, o coração, para corrigir o que há de errado, trazer nova expressão ao rosto e crescer como lhe compete.

Com disciplina e esforço, você se aprimora e chega à vitória sobre si mesmo, ao acerto, à paz, à prosperidade tão desejada.

Acredite poder progredir mais e ser feliz. Rompa as amarras, as barreiras, o pessimismo e se imponha como criatura que sabe do que precisa e quer.

Plante novas ideias e não tema os problemas. Cresça. Não dê valor ao vício, às coisas ilusórias e faça melhor o seu mundo.

O corredor que chega primeiro é o que tem os passos mais firmes.

184

Acredite no que é, no seu poder de fazer, de se dirigir, de progredir, de manter o emprego, a família e mesmo a paz interior.

Olhe para dentro de si e sinta a força. Convença-se de ser capaz de realizar mais do que pode imaginar, resolver qualquer problema, tornar realidade os sonhos e amar intensamente.

Você já é forte. Acredite. Vença o pessimismo e não chame ninguém para fazer o que você pode fazer. Vá em frente. Ponha em ação a sua força. Trate bem a todos. Espere o que é bom e não se intimide com as dificuldades.

O músculo mais forte é que arrebenta a corda.

185

Pense em progredir e afirme:

O progresso é uma necessidade e pede o exercício das minhas aptidões, o controle dos nervos e emoções. A evolução faz de mim nova pessoa. Amanhã serei mais aperfeiçoado, mais sábio e preparado. Não creio em quimeras e ilusões que nada constroem. Creio na força interior, na energia, na vontade que tenho. Não maldigo os problemas, as lutas, as necessidades. Agradeço a Deus, como a planta agradece o sol e levanto os olhos para o céu, encorajado, qualificado por dentro e por fora, com vontade de progredir em todos os bons sentidos.

É hoje que você começa a dar os passos do amanhã.

186

Prepare a mente e o coração a fim de se deliciar com a felicidade.

Como ser feliz com a mente inquieta?

Onde o espaço está ocupado pelo mal-estar não há bem-estar, sendo necessário afastar um e pôr o outro no lugar, o que demanda boa intenção, paciência e sábia ação.

Coloque-se sob o poder de Deus e considere resolvidos os problemas, não havendo razão para a desesperança e o nervosismo.

Faça aparecer o anjo que está dentro de você.

A felicidade não caminha sozinha, ela fica onde você a põe.

187

O otimismo é produto de orientação e boa vontade.

Se você desejar a vida abundante e realizada, coloque em prática três fundamentos: primeiro, agradeça a Deus por todas as coisas que apreciar ou vivenciar; segundo, veja a si próprio com muito apreço e respeito, tal como um tesouro de inteligência e amor, pois, quem se valoriza, valoriza os outros e a vida, encontrando nisso verdadeira alegria; terceiro, não critique destrutivamente a nada, enxergando em cada pessoa, mesmo nas mais miseráveis, viciadas ou maldosas, uma essência divina em elevação.

Seja otimista.

É o sol da manhã que afugenta a noite.

188

Preserve-se, mas não fique a ver micróbios por toda parte.

É doloroso o medo de se contaminar, carregar uma doença escondida, ficar doente por causa das variações do tempo ou da velhice.

Afirme-se com saúde integral. Diga convictamente: **sou saudável. Os meus órgãos são fortes. O meu corpo não apresenta anormalidade porque o meu pensamento positivo a afasta. Tenho alta confiança em mim, paz e fé em Deus. Não odeio. Não desejo mal a ninguém. Não sou orgulhoso, ciumento ou mentiroso. Por isso, sou sadio.**

Não se impressione com doenças.

A doença não entra onde a porta está fechada.

189

Se você for medroso, como vencer na vida, se nela vencem os corajosos?

Coragem não é abertura e liberdade para o mal, o que constitui apenas ignorância e irresponsabilidade. É a disposição de avançar, o desejo de vencer, a ânsia de ser feliz, sem medir sacrifícios no objetivo.

O medo, a desesperança, a fraqueza destroem o que você tem de bom, como ratos num paiol de alimentos.

Tenha coragem. É imperioso seguir para frente, alcançar uma condição de mais calma e vitória, desfrutar de mais amplas possibilidades de vida.

Não tema insucesso.

Na luta rio acima, os salmões não temem a força das águas.

190

Valorize-se.

Pense desta forma: **reflito Deus no espelho da minha consciência.** Mesmo pequenino, esse espelho reproduz a imagem do universo, sua beleza e majestade. Desejo manter o espelhinho sempre limpo, refletindo a glória de Deus, o bem, o amor, a eternidade, a paz. Tenho capacidade de fazer isso. Olho para um futuro grandioso, supero os obstáculos do dia, a pobreza do espírito, a pequenez. Tenho planos de progresso, confio no poder superior que estampo, considero-me rico de qualidade e força. Desempenho o dia com prazer. Tudo a Deus agradeço e a ele rogo proteção para todos.

É uma felicidade ter o espelho da consciência limpo.

191

A dor alheia pode servir de exemplo a quem enfrenta dificuldades sérias.

Se esse for o seu caso, observe que outras pessoas tem problemas muito maiores do que os seus e não desanimam.

Essa resistência e luta lhe dará melhor noção das próprias dificuldades, passando a não considerá-las difíceis ou insolúveis. Avançando mais, imagine-se livre de sofrimentos e problemas, o que trará um grande alívio.

Para ter forças de assim fazer, acredite-se com sorte, com o tempo a seu favor, com saúde e uma grande proteção divina.

O tamanho do buraco é que faz o medo e a providência para nele não cair.

192

Adoce a sua vida.

Revolta, crítica e lamentação são como fel e não adoçam a vida.

O que adoça mesmo a vida é o pensar confiante e positivo, por ser de ordem superior e em condições de gerar alegria e paz de espírito.

Quem se acostuma ao pessimismo, à crítica, às queixas, torna-se endurecido às transformações, incapaz de elogiar, ser alegre e esperançoso.

Nunca faça comentários ferinos ou tenha explosões de cólera. Coloque o pensamento, o olhar, a voz e a ação no bom sentido, e se dará bem com todos.

Para fazer um doce usa-se açúcar e não fel.

193

Se as coisas não caminham como esperava, se há atrapalhos e assuntos de dor e revolta, a ponto de fazê-lo perder a esperança, tome a resolução de modificar tudo através de uma ação enérgica.

Mesmo a custo, levante o ânimo e examine cada caso, cada problema, procurando a solução com calma. Talvez um dependa de espera, outro de energia maior, outro de ser abordado diferentemente, mas todos são superáveis, deles não restando senão vaga lembrança.

Não se abata, seja qual for a dificuldade. Quando não souber o que fazer, ore a Deus, confie Nele e Ele mostrará como proceder.

Não é por estar sem problemas que o homem sorri, mas por poder superá-los.

194

Exercite o otimismo.

Mentalize estar bem com todas as pessoas e diga: **não tenho inimigos. As pessoas gostam de mim e eu delas.** Mentalize estar bem consigo mesmo e fale. **Vivo em paz comigo mesmo. Tenho esperança verdadeira. Deus está comigo, serei sempre feliz.** Assim, você põe ordem na mente, não dá lugar ao desânimo, firma a paz e um sentido de vida que atrai a prosperidade.

Você jamais conhecerá o fracasso se acreditar que tem uma poderosa força interior.

Enquanto o pessimista lamenta, o otimista age.

195

Para tomar decisão, pense:

Tenho que decidir-me. De minha decisão depende o futuro. Vou fazer uma análise do que já fiz e venho fazendo, do que pensei e penso e me decidir pelo progresso. Sem que tome uma decisão e um rumo determinado, não sobrevêm as melhorias. Como ensinou Jesus, o que se liga na terra propicia a ação dos céus. É preciso que eu comece, dê a direção e me esforce no bom sentido. Se quiser satisfazer-me, desatento às necessidades alheias, a resposta dos céus será de corrigenda. Tenho positividade e caráter, e vou vencer.

Da decisão de agora depende o futuro.

196

Desdobre-se, sustente a esperança e ela libertará dentro de você a poderosa força da ação.

Voz de Deus, da vida e do amor, a esperança clama por prosseguir, lutar, aprimorar, resolver, renovar, multiplicar compreensão e alegria. São infinitas condições de paz e elevação, querendo que você realize o que é bom, confie em dias venturosos e não vacile em coisa alguma.

Mesmo nos momentos negros, ponha a esperança bem alta, como um farol, como um lume e uma direção, sem se render às dificuldades, e a realidade virá em aromas de paz.

A esperança leva o alpinista ao topo do monte.

197

Você se valoriza quando sente que tem por dentro a paz da natureza, como o verde da mata ou um jardim cheirando a rosas.

A ideia de natureza refresca e acalma como um bálsamo. Tranquiliza a mente abatida por problema, ódio ou medo.

Assim, pois, se for o caso, recorra a essa imagem, no recinto mental, reforçando-a quanto seja preciso. Tome-se por inteiro dessa calma e deixe que se desfaça a nuvem da intranquilidade, numa obediência ao seu silêncio, autoconfiança e fé em Deus.

O problema é uma imagem que se desfaz.

198

Quando você enfrenta um problema e surgem outros, não diga **"é demais. não aguento."**

Os problemas são miragens e não é o número deles que mistura as soluções e perturba a cabeça. O que mistura e perturba é a própria cabeça fraca, a maneira de encará-los. Quando você se enreda no problema e tem a sensação de incapacidade, então ele toma vulto, se acha senhor e impera, mas se você levanta barreira e confia na sua inteligência, ele diminui, treme nas bases e some.

Não se abata. Nenhum problema é maior que sua resistência, nem mesmo quando se juntam.

É a carga aumentada que faz fortes os músculos.

199

A tempestade, as dores e decepções passam.

As situações mudam de um momento para outro. A tristeza se torna alegria, o abatimento vira ânimo, a doença desaparece, a turbulência converte-se em paz e a derrota em vitória.

Não se deixe vencer.

Acredite em Deus, numa força do tempo a seu favor, num destino bom, convicto de serem possíveis as transformações. Encha o peito de confiança nas suas qualidades que a tempestade passa.

Das adversidades nasce o prazer de viver.

É passageira a obra humana, inclusive a dor e o problema.

200

Tenha convicção no que faz.

Fale assim: **tenho Fé. Quando caio, reergo-me; se erro e falho, retifico tudo, levanto a cabeça e marcho para frente. Creio nas forças da vida que estão dentro de mim ilimitadamente, esperando que as use com êxito. Acredito ter poderosa inteligência e bondade, derivadas de um poder superior que me preenche e ama, nada justificando me acovardar frente aos problemas, como se só os outros devessem tê-los. Freio o nervosismo, exercito as qualidades e imponho um ritmo de concórdia e equilíbrio à minha vida.**

A fé em si mesmo leva à fé em Deus.

201

Reaja e acredite numa solução, caso os problemas queiram levar você ao desespero.

Extraia de dentro de si a força que tudo vence. Quanto maior a confiança na força, na capacidade e inteligência que ela é, maior o poder de realização obtido e menos pressão por parte dos problemas.

Busque o lado bom das pessoas e situações. Não acuse. Ame. Ponha sentimento e energia em tudo.

Confie nas melhorias que hão de vir, nas forças da vida a seu favor, no valor da amizade, da espera, da paz e será bem-sucedido.

Todo problema se dobra diante de quem é forte.

202

Se você usou de todo esclarecimento possível, mas inutilmente, trate a questão na base do amor.

O amor é sentimento que sempre resolve porque toca por dentro.

Amando, ouvindo as razões e jamais se encolerizando, você consegue chegar à consciência, ao íntimo humano e obter transformações até mesmo além do esperado.

Faça a sua amorosidade vibrar na voz, no olhar, nos gestos. Aquiete-se quando não for compreendido ou se refugie na oração. A oração faz o que nada e ninguém mais consegue fazer.

Não guarde mágoas.

O problema perde força quando encontra amor.

203

A irritação não resolve.

Use de serenidade no trato de um problema. Analise as suas facetas e acredite sinceramente numa solução a ser encontrada de uma ou outra maneira.

Mesmo nos mais confusos e aterrorizantes, a calma é um abridor que mostra a intimidade e os pontos chaves. A irritação, e mesmo o desprezo e o pouco caso, complicam-nos e deixam um gosto amargo de revolta.

Fique, pois, tranquilo diante dos problemas. Confie na sua inteligência e capacidade e eles se desfarão inteiramente.

É sobre a água calma que o barco leva peso.

204

Quando você toma a decisão de crescer e desmanchar os problemas, e se essa decisão nasce de inabalável convicção, certamente atingirá os objetivos.

Para fazer forte a mente e trancar o que cheira a vício, medo e revolta, desperte um firme otimismo, nascendo daí maior força na ação.

Ponha na tela da mente as cores vivas da esperança e acredite que, para lhe servir, as suas melhores qualidades estão brotando agora e em você permanecerão todo o tempo, guardando a paz e descerrando o maravilhoso futuro.

A crença na vitória é o estímulo do atleta.

205

Tenha o prazer de ser gente.

Fale convicto: **recebo pesada carga de sugestões para atingir o prazer pelo sexo, dinheiro e vaidade, mesmo sem indicarem as consequências.** Esse tipo de prazer que se oferece é secundário, imperfeito e deixa insatisfação, cansaço ou doença. Existe um prazer superior, o de ser gente, estar vivendo, discernir entre o bem e o mal, ter corpo e espírito, admirar a natureza. Sobretudo, o prazer de marchar para a felicidade, perfeição e beleza, numa vida que não se acaba, guiada pela mesma mão que comanda o mundo.

O prazer puro se alcança pela força da boa vontade.

206

Não pense de nada valer o seu trabalho e luta porque outros conseguem tudo sem esforço.

O seu esforço não é útil apenas na aquisição de bens e comodidades, mas, sobretudo, para adquirir firmeza de espírito, compreensão, alegria e paz.

Convença-se de poder crescer, mudar situações, corrigir erros, abrir oportunidades e tecer o progresso.

Não se detenha no desânimo. Você tem o poder de converter o hoje negro no amanhã claro. Está nas suas mãos, na sua direção, modificar as coisas, mudar o destino e ser mais bem-sucedido.

O esforço arranca o homem do chão e o coloca no céu.

207

Um homem soube de um tesouro e para ele se dirigiu cheio de entusiasmo. Trabalhou muito, rompeu o chão, retirou os cascalhos, furou a pedra e, finalmente, o tocou.

Era grande riqueza em ouro e pedras preciosas que usou e morreu feliz.

Os seus amigos, que descriam do tesouro, morreram miseráveis e infelizes.

Essa estória se aplica a todos. Dentro de cada um existe um tesouro de inteligência e sentimento. É preciso atravessar a casca da imperfeição e ir ao encontro dele, um tesouro muito mais valioso que o outro, com qualidade e brilho eternos.

Quem realmente quer o tesouro interno não para de cavar.

208

O vazio interior, a vaguidade, a sensação de ser nada, de ser inútil, de estar no caminho errado, de não ter razão de viver, são alertas das forças da vida que, de dentro, estão a clamar por uso e progresso.

As forças da vida são sustentáculos e essência divina dentro de você e, se não satisfeitas, dão lugar ao vazio.

Por isso, agradeça. Exalte a sua condição de pessoa humana. Alegre-se por poder crescer, amar, dispor da capacidade de tecer o futuro e a vida mais feliz.

O amor é para o vazio interior o que o ar é para os pulmões.

209

Se você sofre com a velhice, a vista curta, a memória fraca, a doença, a sequela de acidente, não se considere sem sorte ou castigado para sempre.

A questão tem que ser vista de outra forma, nada mais sendo isso do que elementos de forte evolução, pois a dor e os defeitos renitentes são beneficiadores, como o fogo que dá forma ao ferro ou como a tempestade que purifica a Natureza.

Nesse exercício forçado está escondido um apelo para a vida mais ampla, mais elevada. E mesmo aí existe um lugar para a esperança, pois quem pode prever o fim de um sofrimento?

Para todas as dores tem Deus remédios ocultos.

210

Deseje viver com Deus e diga:

Preciso procurar Deus como o girassol procura o sol e por ele é sustentado. Um lampejo, uma faísca de Deus, quebra o desânimo, o mal-estar, muda uma vida, estabelece a prosperidade. A divina energia me aquece, sustenta, abre visão dilatada, me faz querer amar, efetivar bondade, virtude e esperança. Esse bem-estar sai de dentro naturalmente, como a rosa da roseira. São sorrisos, palavras boas, olhar confiante. Não posso trocar Deus por nada. Ele vela por mim ainda mesmo quando todos me hajam esquecido.

Até o animalzinho, no colo da mãe, exercita a fé.

211

Não adianta pensar que tem lutado inutilmente e que o melhor é protestar, reclamar, abrir a boca no mundo para que os benefícios apareçam.

Coragem!

Se você reforçar o pensamento, ter novas ideias, novo alento e mais otimismo, os benefícios aparecem, sem risco de falhar.

Não force a vida, nem se desespere. Deus tem um excelente plano para você. Só aguarde o que é bom e agradeça tudo o que lhe acontecer, até mesmo o que parece um mal.

Creia no grande poder que está dentro de você e tenha calma.

A esperança melhora a vida e a calma é um pedaço da vitória.

212

É fortíssima a energia que você tem, ainda não explorada pelo seu pensar, e amplas são as suas possibilidades de crescer e chegar à prosperidade nas formas que mais lhe convém.

Por isso, não se limite nem se imagine sem sorte ou infeliz.

Quanto mais você enxerga realizações pela frente, mais elas se fazem e a inteligência e o amor avançam, destruindo problemas e edificando a paz.

Seja alegre, compreensivo e confiante em si, a fim de que as facilidades possam aparecer.

Quem não confia em si é água suja que não serve para uso.

213

Enfrente e resolva os problemas.

Saia, vá à rua, visite quem precisa ser visitado, fale o que precisa ser dito, tome providências, remova o medo e encare os problemas.

Sua ação tem força. Modifica a vida, conquista o que mais quer ou precisa, desenvolve a paz íntima e a saúde, chega à prosperidade e à felicidade.

Jamais diga: **não posso, não tenho condições.** Afirme-se e reafirme-se forte, saudável e feliz, e a vida confirmará o que diz. Não se entregue ao acabrunhamento e à descrença de si mesmo.

A sua ação é o seu progresso.

214

É natural confiar nos sinais de trânsito, no coração a bater, nos pulmões a respirar, no aparecimento do dia e da noite e em muitas outras coisas.

Por que, então, não confiar em si e fazer logo os planos para o amanhã?

Por que não firmar agora as bases de trabalho, perseverança e otimismo, sem temer problemas?

Confie no seu poder de realizar pela ação, pensamento, diálogo, inteligência e vontade e dê uma demonstração de confiança nas qualidades, tomando o destino nas mãos.

Use a força de vontade.

A pedra volta, mas a vontade, arremetida para cima, continua subindo.

215

Penda para o lado bom da vida.

Pense: **para mim, a felicidade não é um sonho, mas algo que se realiza. É como uma fruta saborosa que como depois de haver lançado a semente na terra boa. É como uma estação de conforto e beleza, onde chega o trem do meu progresso. Quero ser feliz como a terra seca procura a água, o viajante busca o repouso. Vou, mais e mais, fortalecer minha calma e alegria, evitar o pessimismo, superar as situações problemáticas, aceitar, bendizer, reagir ao derrotismo. Vou ser digno de manter a felicidade no coração.**

A felicidade existe em quem se reconhece feliz.

216

Aproveite este dia e ame com todas as forças do seu espírito; sem restrições, sem ver defeitos, negatividade, tristezas. Passe por cima do olhar frio, do mau caráter, da expressão de desagrado.

O seu amor é tão poderoso que resolve conflitos, dilui ódios e problemas, edifica o progresso duradouro, estabelece laços de afeto e amizade, produz resultados de paz e faz com que os outros queiram lhe devolver amor.

Amar é ser feliz.

O amor é como a flor, quanto mais você gosta dela mais quer sentir o perfume.

217

Não seja otimista sob condições.

Você deve ter otimismo sempre, todos os dias e horas, a fim de que tudo lhe sirva de força, vitória e levantamento, como nas situações difíceis, na doença, no moral caído, no trabalho e na luta doméstica.

Se sentir o mundo desabar e uma tristeza forte chegar, então é a hora de resistir, empregar maior otimismo ainda e ser mais confiante em Deus e em si, até que tudo se acalme.

Ampare-se no pensamento positivo e a realidade será como confirmou na mente, como sentiu por dentro.

Ser otimista é subir no rochedo, uma perna que fraqueje e o corpo vai para baixo.

218

Ainda que custe esforço e tempo, dedique-se ao aprimoramento pessoal.

Agindo com sinceridade, respeitando os demais e desenvolvendo forte esperança no dia de amanhã, você constrói, sem perceber, a fortaleza íntima de paz e prosperidade.

Comece. Não se importe se não conseguir modificações imediatas pois, se as imperfeições vêm de longa data, a mudança pretendida pode exigir algum tempo, reflexão e esforço. Mas é preciso partir para a ação concreta, agora mesmo, a fim de dar início ao processo e experimentar os resultados.

O aprimoramento pessoal é como a construção de uma casa, a partir de certo ponto dá para se morar.

219

Era difícil encontrar remédio para aquela mulher.

O médico já a examinara o suficiente, mas, a todo remédio que indicava, recebia respostas como estas: "Este já tomei, não fez efeito. Este outro me faz perder o sono, este me dá tonturas, este me deixa nervosa; porque não fabricam remédios melhores?"

– A senhora reclama de várias doenças, dizia o médico, mas seu caso não é de remédio. Pare de se ver como doente e se curará.

Ela soltou um olhar de revolta e, descrente de si, bateu em retirada, atrás de outro médico.

Quem joga lixo para dentro de si, acaba sufocado no mau cheiro.

220

Ponha-se no lugar do outro e tudo se modificará.

Pense assim: **quero ver o outro com o mesmo amor que gostaria que me visse.** Quando me ponho no lugar do outro, o problema muda de significado. Se antes era apenas a minha verdade, agora aparece a dele, o que me parecia frieza passa a ser defesa, o que era maldade converte-se em ignorância, o que era violência, transforma-se em autodefesa e força da necessidade. Nas questões difíceis é onde mais devo olhar o outro lado para não fazer mau juízo, prejudicar os outros e sofrer as consequências do remorso.

Colocar-se no lugar do outro é enxergar a verdade por inteiro.

221

Ore assim:

Deus, meu pai, venho te contar o que passa comigo. Eu gostaria que tudo fosse diferente e que os outros me compreendessem. É o que me magoa. No entanto, se não posso entrar neles para operar mudanças, tenho que tomar providencias em mim para não sofrer. Se me elevar, não sofrerei com o que fazem, me isolarei. Por isso, vou perdoar, amar e não acusar. Quem faz o mal hoje, sofre amanhã. Examinando bem, eles já são sofredores. Não amam. Vou entendê-los e impor dentro de mim um ritmo de paz.

Quem tem luz, não anda às escuras.

222

Os problemas somem quando você se fortalece.

Quando você se preenche de confiança em si e se convence de que é resistente, que o mundo é amigo e que tudo vem a seu favor, então os problemas se esvaziam e se tornam insignificantes, de alguns até perdendo a lembrança.

A convicção de ser forte, ter capacidade, ser amado por Deus, derruba o predomínio dos problemas que se alimentam da fraqueza.

Preencha-se dessa força como quem enche o peito de ar e sente a saúde nas veias.

É a força do ar que sustenta o avião nos céus.

223

Se você anda triste, sem fé e sem saber o porquê desse estado de espírito, talvez a causa seja o íntimo insatisfeito.

Enquanto você segue conforme manda a propaganda, o rádio, a televisão, os jornais, as conversas triviais, o íntimo, que é o eu profundo, reclama paz, elevação, alegria e, se não for saciado, manda forte insatisfação.

Adote boas ideias e atitudes.

Saia do trivial, do lugar comum, do palavrão. Tenha ideais. Eleve-se. Progrida. Realize-se como pessoa e sacie a sede de paz do íntimo.

Asfixiar o íntimo é como obrigar o mergulhador a permanecer no fundo das águas.

224

Na hora de vencer o vazio, a solidão, a incompreensão, o problema, não corra atrás dos outros, incapaz de agir por conta própria.

Você tem condições de resolver a situação. Basta reconhecer as suas qualidades, considerar-se forte e resistente. Quando assim fizer e tomar resolução, sentirá o amor de Deus, amparando-o, mostrando por onde encontrar as soluções.

A escuridão some quando chega a luz. Assim, com luz, você clareia até os pontos mais íntimos das questões e descobre como proceder.

Para quem confia em si, um problema assusta tanto como um tigre de papel.

225

Manifeste confiança no presente e no futuro.

Diga assim: a vitória surge inevitável onde há crença e férrea disposição de chegar ao objetivo. Quem planeja o mal pode vir a lamentar a vitória. É assim como querer um veneno pensando ser um doce, gastar a saúde atrás do dinheiro, eleger o demônio no lugar de Deus. Quero vitória sobre as minhas deficiências. Uma vitória calma, que se realize em luz e reconforto interior. Para isso, vou me sobrepor aos desafios, acender esperanças, aceitar o inevitável, perdoar a ignorância alheia e entrar em comunhão com Deus.

A vitória é um navio firme sobre as ondas.

226

Os problemas se agravam quando tratados com indignação, raiva, revolta.

Se não compreender e endurecer, eles ficam batendo, insistindo, reclamando. Se escutar, condoer-se e compreender, a onda da contrariedade se esvai e vem a paz.

Por isso, não diga com revolta: **não quero, não aceito, não vou.**

Empregue a calma, a paciência, a compreensão e tudo se resolve.

A indignação endoidece as capacidades.

A indignação é como arremessar um caminhão sobre um jardim e, depois, necessitar das flores.

227

A fortuna interna é que vale.

Se você desejar mesmo o bem-estar, esteja ciente de que esse estado de espírito é uma moeda de circulação unicamente interna.

Para você usufruir das coisas externas tem que convertê-las nessa moeda, ou seja, para transformar as propriedades, o bom emprego, a posição social e a gorda conta bancária em bem-estar íntimo tem que agradecer a Deus por isso, vencer o apego, ter ânimo e desejar o bem a todos. Nesse caso, você é duplamente rico.

A fortuna interna, urna vez obtida, jamais pode ser arrancada.

228

Sobre preocupações, raciocine assim:

Não devo dar curso às preocupações. Melhor será entregar a Deus o que não venho conseguindo resolver e me desligar. Se não consegui, até agora, um indício de solução, isso não é fraqueza. Com forte confiança em Deus, alcançarei a melhor das soluções, tanto que concluirei: Por que não imaginei isso antes? não estou só nos embates da vida. A força que me criou vela pela minha segurança e quer ajudar na hora mais dura. Manterei a calma. A minha maior obrigação a cumprir é cuidar de mim.

As preocupações são o inverso da confiança em si.

229

Faça da sua vida uma obra de arte. Seja criativo, vença o trabalho sempre igual, sem se dobrar ao enfado.

Trabalhar com rotina não é ser limitado. Faça do trabalho algo proveitoso e não se desespere porque até a rotina, como o problema e a dor, podem ser transformados em prosperidade e alegria.

Considere-se rico em capacidades, energia, vigor, esperança, com recursos mentais extraordinários para fazer a vida crescer, mesmo desempenhando atividades rotineiras.

Os grandes artistas precisam da rotina de trabalho para fazer suas obras.

230

Sobre a paz, pense assim:

A paz já esta dentro de mim. Não preciso de mais dinheiro, melhoria no emprego e outras coisas para alcançar a paz. A paz nasce das minhas condições internas. Se tudo encarar com aceitação, a repercussão dos fatos em mim é bem diferente do que com negativismo e revolta. Sou eu quem faz a paz. Devo proceder com bons pensamentos e me convencer de um futuro grandioso. Ponho-me, agora, perante o mundo como vencedor e não como vencido. Não temo dificuldades, nem procuro a paz apenas exteriormente. Tenho amor e confiança em Deus e em mim.

A paz é uma criação e não uma mágica.

231

Você pode transformar o problema, a circunstância e o destino.

Existe em você uma força adequada para resolver situações e montar uma vida feliz. É uma força, um poder, uma capacidade já presentes, não havendo razão para ser infeliz.

Dirija-se com ânimo forte e a sua força produzirá benefícios de progresso e paz.

Não se abata frente às dificuldades. Pense alto. Veja uma luz na escuridão e siga em frente porque você pode vencer.

A dificuldade é água da cachoeira que castiga o desatento mas, aproveitada, produz a luz.

232

Dentre as suas principais qualidades, como ser inteligente, honesto e prestativo, reponta a bondade, a única que faz a felicidade integral.

A bondade já está no mais profundo de você, no âmago, como uma pulsação cósmica e divina.

Perdoe e tolere.

Confie no seu poder e seja um anjo de bondade, olhando de mais alto, perdoando as ignorâncias e espertezas humanas, nada sofrendo com os problemas.

Os problemas, examinados com bondade, perdem tamanho, assim como um lago, visto do alto, é apenas uma gota de água.

233

Mesmo as pequenas coisas, como um olhar, um aperto de mão, um sorriso e uma palavra de esperança, são um bom começo de entendimento e alegria.

A chave da felicidade é fazer os outros felizes. As ondas de bondade, que de você saem, tocam a pessoa alvo e também a Deus, e voltam sob a forma de alegria e paz.

Siga o bom impulso e expresse pelo menos um pouco de alegria.

"É dando que se recebe", disse o santo de Assis.

A semente e o coração são pequenos, mas são essências que conduzem a vida.

234

O homem justo e bom, vendo chegar o fim de seus dias, chamou os filhos para repartir os bens e lhes disse:

— Meus filhos, quero passar os bens para vocês pois, para onde vou, deles não preciso. Mais importante do que esses bens, porém, deixo a vocês o otimismo, a alegria e a boa vontade com o que os juntei sem grande esforço.

Se usarem estes bens para servir mais aos outros do que a vocês, verão acontecer um fato curioso: eles retornarão multiplicados. Sejam otimistas e valorosos, creiam em Deus, em si mesmos e nunca percam a paciência e a esperança.

Dizendo isso, sumiu nas brumas da morte, mas ficou a lição.

235

Renegue o desânimo que diz ser a vida amarga e o futuro de dissabores.

Pense da seguinte forma e não se dobre: **jamais seguirei as ideias de prejudicar os outros ou de desânimo e negativismo, pois que me jogam nos braços do arrependimento. Tudo faço com otimismo, de pé, olhando o horizonte e não como se estivesse caído num buraco. Procuro o lado bom nos fatos do dia, nas amizades, no trabalho, no lar e pendo para a paz e a alegria. Evito o lado escuro e triste. Curvo-me perante Deus e não me considero um triste a mais. Uso o dia de hoje, pensando no amanhã que me espera.**

Ninguém é vencido quando está com Deus.

236

Não vacile no que respeita às próprias forças.

Não descreia da qualidade interior e do poder de construir a paz e o futuro.

A indecisão traz amargas consequências, bloqueia a capacidade de ação e impede o progresso.

Seja decidido. Acredite fortemente em si e ponha o amor e a inteligência em franca ação. Não tema o futuro. Trabalhe com gosto.

Seja firme, com um falar sim, sim, não, não, como ensinou Jesus.

O indeciso se torna preguiçoso, até que a vida venha apresentar-lhe a dor.

237

Treine a confiança em si, em tempos de paz, a fim de dispor de reserva para os tempos imprevistos.

Não pense ser desnecessário se preparar porque há de se arranjar quando chegar a hora.

Os problemas são para maior ou para menor conforme estejam acima ou dentro de sua capacidade.

Confie em si. O dia é claro para quem já se clareou por dentro. Avante. Deus está em você. Pense a curto, médio e longo prazo. Exercite a confiança e superará qualquer problema.

Quem está viajando pelo mundo tem que levar roupas para todas as estações.

238

Ainda que sinta enorme fraqueza, afirme-se forte.

De tanto teimar em ser forte, a força aparece e triunfa.

Desenvolva a convicção de ser forte. Demonstre-a em obras, energia nas decisões, resistência e fortaleza nos problemas, levantamento nas quedas, fé no futuro, bondade e esquecimento dos males.

Consiga a vontade de vencer. Veja-se capaz, dinâmico, virtuoso. Uma centelha de amor, inteligência e paz que não se extingue jamais.

Resista à fraqueza.

Estimulada pela mãe, a ave nova acredita nas asas e voa até as nuvens.

239

Ter pensamento negativo ou mau é como ingerir álcool, fumaça, cáustico, veneno.

O bom pensamento, ao contrário, é alimento e energia de construção, penetra o corpo, a alma e retifica o que estiver errado.

Pense em ser mais como pessoa, reconhecendo-se com plena saúde, paz de espírito, capacidade de trabalho e mente potente, superadora de obstáculos.

Agradeça ao Poder Superior a vida que tem, ajude os outros no que puder, confie no futuro e siga sem medo.

Um homem cego e mau descobriu, certo dia, que o mal lhe incomodava mais que a cegueira.

240

Escolha o sentido da vida.

Pense assim: **não devo ser um barco sem rumo, mas um navio que chega ao porto, apesar da tempestade no mar dos acontecimentos. Quero dar sentido, rumo, orientação à vida. Escolherei um objetivo elevado e bom que não beneficie somente a mim. Porei em ação minhas forças físicas e mentais que são agua para enfrentar a seca. Quanto mais ação, confiança, determinação, melhores os resultados. Confio nas minhas forças. Vejo-me coberto das bênçãos divinas. Trabalharei. Estudarei. Amarei. Servirei. Conservarei a paz. Não esmorecerei.**

O sentido da vida é a direção dos pensamentos.

241

Não se queixe.

A queixa é amargosa e denota insatisfação, razão pela qual só os infelizes se lamentam.

Como ninguém gosta dos que se lamentam, estes ficam cada vez mais infelizes e detestados.

Olhe para cima e não se queixe, nem mesmo nos momentos de manifesta razão. Vigie-se. Não abra a boca e ganhe antipatias. Resolva os seus problemas com calma. Você tem amplas condições de resolvê-los sem lamúrias. As pessoas inteligentes não deixam as dificuldades virarem problemas porque as aceitam e agradecem a Deus.

Quem anda de cabeça baixa não vê passar o avião carregado de ouro.

242

Se você ainda não se acertou com a vida, não encontrou a profissão ou o meio de se realizar, lembre-se de que a vida reflete as suas inclinações.

Descubra as suas aptidões, desenvolva-as e progredirá. Não ande contra suas tendências honestas. Veja do que mais gosta, onde tem menos dificuldades e aja com disposição de vencer. Com a tendência aflorada é mais fácil ser alegre e se relacionar com os outros, recebendo estima e recompensa.

Valorize o que tem de bom e será valorizado.

O marinheiro chega ao porto de destino porque sua bússola busca o norte.

243

Se você valorizar mais as opiniões alheias do que as suas, como ficam as suas qualidades?

Creia no seu poder, no de Deus que está dentro de você e nos favores do tempo.

Use os bons pensamentos, os ensinamentos válidos, a moral do respeito mútuo e corte o que é ilusão, má-fé e pessimismo.

Nada tema. Aja com firmeza, determinação e segurança, confiante no seu direcionamento interno e fará abrirem-se as oportunidades e grande paz.

O veículo cai no despenhadeiro quando o motorista vacila na direção.

244

Acredite estar em você fazer com que andem as coisas, apressar e ultimar, não devendo se afligir com o tempo de espera.

Não caia no predomínio dos nervos. Controle o ímpeto, o desejo de machucar e asserene a mente, o que servirá de imediato benefício, impedindo o revide e as inimizades.

Não atropele os fatos com a pressa exagerada e, para conseguir paciência, conscientize-se de que as soluções são melhores quando chegam na hora certa.

Não são boas as frutas que amadurecem antes da hora.

245

Para aproveitar o tempo, tome esta decisão:

Vou pensar e agir com sucesso. Não perderei tempo com coisas negativas porque só encontrarei nos outros e nos acontecimentos os defeitos que estão em mim. São estes que fazem enxergar aqueles. Usarei o tempo para acreditar em mim, no meu potencial. Corrigirei erros. Agirei com determinação. Respeitarei os outros. Orarei mais. Reconhecerei ter reservas de alegria, ânimo e paz, esperando que as toque e levante. Renovarei a mim mesmo e viverei melhor.

Tempo aproveitado é benefício conquistado.

246

Faça virem as boas coisas.
Você pode atrair as boas coisas, até mesmo a grande prosperidade, se criar as condições para que se efetivem.
Se for receptivo e dócil, as boas coisas encontram ambiente e se instalam mas, como são ariscas, basta um pouco de irritação e descrença para que se afastem.
Seja compreensivo, paciente em todas as ocasiões e um universo de coisas boas se aprontará para vir na sua direção. Trabalhe com alegria, ore muito e sorria, mesmo nas dificuldades.
Creia na sua capacidade e autocontrole.
Só pega a bola o goleiro em posição certa.

247

Chegam aos seus ouvidos insistentes comentários de que o mundo é uma droga, nada valendo viver.

O mundo não é cruel, desastroso, não está contra você nem quer atrapalhar os seus projetos para o futuro. Na verdade, o mundo é o que você pensa. Se for esperançoso, levantar a cabeça e lutar com energia, ele seguirá o rumo que você traçou.

Tenha olhos de ver, separe o que presta do que não presta, afaste o temor, o desânimo, as acusações e queixas e o seu mundo será maravilhoso.

Não se entregue.

Os mártires do cristianismo deixavam sacrificar o corpo, mas não entregavam a alma.

248

Não ficou para trás o momento de ser feliz.

Não pense na oportunidade perdida, no que não devia ter feito. Pense no agora, no hoje e aja.

As suas oportunidades estão aí, à vista. Saia à luta, afaste o azar e a incredulidade. Hoje é o seu melhor dia. Aproveite-o. Passe uma esponja sobre o ontem negativo.

Não é o que vem de fora que faz o seu progresso. Mas o de dentro, a crença em si, o desejo de se melhorar, a persistência nos bons objetivos, a busca da felicidade.

A lagarta não faz mais do que a obrigação ao querer ser borboleta.

249

Fuja do mau conceito e se livrará dos inconvenientes.

Não pense que os outros fazem "por mal", querem realmente lhe prejudicar, não agem por despreparo ou ignorância. O mau conceito, o ódio e o desejo de vingança são péssimos conselheiros. Fabricam sofrimento.

Deixe a justiça a Deus e ocupe-se com coisas mais importantes, como o futuro, a saúde, a fé, a paz de que tanto precisa.

Os maus também são filhos de Deus.

Uma pessoa pode ser salva-vidas e não ser santa.

250

Em tudo, guarde equilíbrio.

Diga assim: **quero guardar, em primeiro lugar, o meu equilíbrio e bom-senso. Todo acontecimento é secundário, se assim o considerar. É a minha consideração, o meu enfoque e valoração que dão intensidade ao que sinto ou quero sentir. Pela minha apreciação, um problema grande é reduzido ao mínimo, como um monte que, visto do chão, é volumoso, alto, mas, olhado de um avião, é insignificante. O acontecimento depende do ângulo em que é observado. Nenhum problema pode me ser grave. O que está em mim é maior que tudo, é Deus.**

O motorista toma mais cuidado quando sabe ser o carro de alto valor.

251

Sepulte o passado infeliz.

Se errou e ludibriou, procure os atingidos, peça perdão, retifique o errado de uma forma ou de outra, anteveja novos dias, novo futuro.

Retifique tudo, erga o moral e diga a si mesmo: **sou competente. Tenho todas as condições para progredir, formar uma nova vida, ter mais amigos, alcançar um nível mais alto de convivência e paz.**

Olhe-se com olhos agradáveis, veja a força que está dentro de você querendo ser ação, paz e alegria. Caminhe firme sem se contaminar pelo ambiente negativo e terá prazer nisso.

O prazer em fazer o futuro é maior do que recebê-lo pronto.

252

Defenda a sua paz.

Se lá fora há rebuliço, violência e depressão, não permita que penetrem em você.

Recorra aos pensamentos de ânimo e confiança em si e se reconheça como ser precioso que não pode ser manchado. Sinta estar saudável, forte, vibrante e num grande progresso que não deve ser interrompido.

Toda adversidade cede ante o forte otimismo.

Não relegue a segundo plano a sua paz e defenda o íntimo, como quem defende os próprios filhos.

A higiene mental é a calma dos pensamentos.

253

Ao invés de lamentar, ajude.

Talvez os outros precisem mais de você do que você deles.

A respeito, diga a si mesmo: **não quero cair no poço da infelicidade**, a mendigar que me entendam e amem. Examinarei, antes de tudo, a minha parte, se faço bem, se ando de rosto alegre, cultivo o otimismo, piso o chão com prazer. Vou me ocupar em dar mais de mim, sorrir, ainda que reservado, por a trabalhar minha criatividade, esperar boas mudanças. Serei feliz na medida das aptidões que desenvolver. Nada tenho a reclamar do meu agora. Tudo me será bom de futuro.

Sem se sentir desprestigiada pelo sol, a lua o reflete e espanta a treva.

254

Se você gosta de examinar tudo, procure selecionar o que lhe faz mais feliz.

Faça isso com atenção, com vistas a um hoje e a um futuro especial que você deve construir.

Apenas acumular informações é esforço desnecessário a confundir os objetivos.

Selecione o que tem valor e mérito, que ajuda, acrescenta e faz luz, alegria e otimismo. Depois, siga nos bons propósitos, em direção a um progresso que bate bem com o seu jeito de ser.

Quem não sabe para onde vai, fica paralisado ao ver estradas pela frente.

255

Acredite e vencerá.

Diga a si mesmo: **a partir deste momento, quero me modificar completamente, mudar de expressão, deixar de lado ideias pessimistas, alimentar forte esperança. O mundo me é uma escola, um grande bem. Sou, desde agora, nova pessoa, com objetivo de progredir, vencer obstáculos, atingir pontos mais elevados. Fecho os olhos ao negativismo, ao mal, à descrença em minhas qualidades e me arrojo à luta, crendo ser o amanhã favorável. Nada temo de adversidade ou infelicidade. Uma grande e invencível força foi colocada por Deus, meu pai, dentro de mim.**

A boa intenção de agora é a realidade de amanhã.

256

Se alguém mentiu, faltou ao compromisso, ou ocorreu um incidente desagradável, reduza a importância disso.

O mal não merece atenção, a não ser para saber como evitá-lo. Se você der valor ao que é triste passará a ser triste também.

Minimize o que vem para prejudicar, ferir, deprimir e compreenda as razões de quem age mal. Compreendendo as razões fica mais fácil dar pouca importância às más ocorrências.

Tudo é como se pensa ser.

As pessoas são tristes ou alegres não pelos problemas, mas pela forma como os trata.

257

Não fique com os olhos presos ao chão, ao terra-a-terra, ao que é problemático e difícil, como um pássaro cativo.

Ponha os olhos no mais alto e verá que existe o céu e a nuvem banhada pelo sol. Pense elevado, tocando à estrela, ansiando por ver a Deus e crendo num destino de intensa alegria, paz e atividade.

O que está para baixo não merece sua preocupação. Você nasceu com a vocação do progresso e por isso deve buscar a felicidade e a utilização dos seus talentos de inteligência e amor.

Olhe para cima.

A ave liberta voa para o alto.

258

Os seus aspectos principais não são a beleza física, a posição social e uma falsa delicadeza.

Para crescer como pessoa, não adianta camuflar, esconder, aparentar o que não é. É preciso perceber o EU, crescer por dentro, sentir mais como "ser" e não como "ter".

Para se modificar no mais profundo e estar sempre em progresso, aprimore o apego à verdade, ao espírito de amor e perfeição, com uma boa vontade que transparece na face.

Seja franco e alegre.

A dignidade de um homem não está na casca, mas no cerne.

259

Querer é poder.

Os empreendimentos marcham, estacionam ou regridem conforme o seu agir.

Se tiver um querer forte e decidido, vencerá os obstáculos mais duros e difíceis. Não descreia de sua força. Todos os problemas são fracos e ilusórios.

Com confiança na intuição íntima e boa vontade, querendo avançar e vencer, você cria as condições para o progresso e vai à vitória.

Esteja seguro de si, confiante. Resista ao mal e ao desânimo.

O combustível põe o avião nos céus e o querer põe você nas alturas.

260

Fique de bem com a vida, raciocinando assim:

Tenho que me reconciliar com a vida, como quem faz as pazes com o adversário. Diante do que me machuca, impede, amarra, contraria, vou pender para o lado do otimismo, da solução, sem vacilar, tremer ou fugir. Vou enfrentar, raciocinar, agir com ânimo, rosto alegre, olhar confiante. Não quero o falso otimismo de só esperar que aconteça o bom, mas o de resistir ao que der e vier. Sou forte. Vou apertar a mão dos outros com prazer. Acreditar que existe a felicidade dentro da vida e seguir avante.

A harmonia exterior nada mais é que a harmonia interior.

261

Faça algo em favor de alguém.

Com os tijolinhos das boas ações e intenções, construa o edifício da sua personalidade, que será tão resistente quanto o forem os tijolinhos.

Tenha a nítida intenção de ser bom e compreensivo, de tudo fazer bem feito.

Pense assim: **"Aproveitarei as horas deste dia para ser bom, em todos os sentidos. Não levarei a ninguém o desestímulo e a ofensa. Usarei todos os momentos para ser feliz"**.

Sentindo a vibração da paz e da felicidade, provindos do bem, logo você estará dando graças pelo que edificou.

Construa a casa sobre a rocha, ensinou Jesus.

262

Não inveje os outros, como se fossem mais felizes e vitoriosos do que você.

A vida, a esperança, o sucesso, que estão neles, estão também em você.

Com pensamentos sadios e disposição para lutar, você terá um progresso que não refluirá jamais.

Dê ao seu coração o sinal de confiança no futuro e esteja certo de que as forças da vida, o tempo e as pessoas trabalham convergentes a seu benefício.

Abra um sorriso. Destranque-se. Faça uma imagem positiva de sua vida e vencerá.

O dia da vitória está amanhecendo dentro de você.

263

O pensamento positivo puxa para o que é bom.

Quando você pensa que o negócio, o compromisso, o emprego ou outras coisas vão dar certo, eles passam a ser atraídos pelo seu pensamento positivo e acontecem da forma que lhe é favorável.

Mas se você pensa que não vão dar certo, que não vão acabar bem, estes pensamentos servem de atrapalho aos benefícios que poderiam vir, porque o negativo puxa para o lado prejudicial.

Examine o que quer e seja otimista.

Espere só o que é bom, a fim de que o bom possa vir.

Para subir, o homem precisa das asas do ânimo.

264

Crie uma fé forte.

Tudo caminha obediente à sua crença. Creia no movimento da vida, na sua capacidade de resolver problemas e não se abata diante da crise.

A sua fé precisa dos pensamentos positivos. Se se dispor a melhorar, melhorará; orando, terá paz, ajudando-se, progredirá.

Não tema os problemas porque com fé no poder de Deus, no benefício do tempo e na sua própria capacidade, eles se resolvem.

O homem dominou os ares, atravessou os oceanos e pôs os pés na lua porque acreditou que podia voar.

265

Pense no prazer de viver e manifeste o seguinte:

Vou procurar o prazer de viver e me ver com condições favoráveis, levantar o ânimo, preencher o vazio, o oco dos sentimentos e atingir o sentido da vida. Quero ser alegre por estar vivendo, por dispor dos benefícios da visão, da audição, da fala, de poder andar, pegar, alimentar, sentir e raciocinar. Tenho valores, sou gente. Ao soltar alegria pelo que sou ou posso ser, produzo maior confiança em mim e modifico o curso dos acontecimentos desagradáveis.

O prazer de viver é o resultado da fé em Deus e em si mesmo.

266

O seu interior tem sede de liberdade, alegria e espiritualidade.

Por isso, não se prenda aos fatos exteriores, nas opiniões e notícias dos jornais, rádio e televisão, com esquecimento dos valores íntimos.

Não se empanturre de banalidades e ideias tristes. Detenha a avalanche de erros e má propaganda que lhe dão a impressão de um mundo cruel e pernicioso.

Levante o espírito. Mire mais alto, com esperança e pensamentos animadores. Você caminha para o sucesso, tem bom futuro e amplas qualidades.

Confie em você.

Acaba caindo no precipício quem não toma o caminho certo.

267

Não sofra por não lhe darem valor, como se você fosse um fraco e despreparado.

Ninguém, além de você, pode emitir juízo sobre o que lhe vai no íntimo. E, caso note acerto nas críticas recebidas, corrija-se, mas, se forem infundadas, não se abale com elas nem as leve em conta. Em qualquer das situações, mantenha alto o ânimo, confie em si e busque se aperfeiçoar e prosperar.

Você sabe o que é e do que precisa. Por isso, firme-se nos seus valores e tire bom proveito do que os outros dizem sobre você.

Por não lhe darem valor, Jesus foi trocado por um malfeitor.

268

Você tem por dentro a juventude, mesmo que viva há um século.

A mente não envelhece e mantém de pé a jovialidade, o dinamismo, a positividade, o ânimo, quanto mais é requerida e exercitada.

Mesmo em idade avançada, sustente as ideias vivas e transformadoras, preserve a exuberância do espírito e o calor da experiência.

Não deixe envelhecer os pensamentos, nem critique o progresso. Aprecie a modernidade e mantenha a leveza dos pensamentos jovens; sinta-se feliz, com futuro pela frente, esperançoso e dinâmico.

Quem crê em si nunca envelhece.

269

Se você encontra pela frente a oposição vestida de espinhos, não se ponha contra o opositor.

Você tem o direito de não aceitar certos tipos de ação, mas não deve castigar o sentimento da outra pessoa porque ferirá o seu próprio.

Não trate mal.

Uma ordem cósmica iguala as pessoas em direitos e deveres. Não critique, nem censure ou maltrate. Aceite. Ante uma posição má, faça silêncio ou socorra com uma boa palavra.

O mal se esvai por si mesmo.

A árvore machucada não se revolta contra o machado.

270

Na situação de sobressalto, desesperança ou dor, lembre-se dos poderosos recursos de ânimo, paz e solução, concentrados dentro de você.

Afirme a si mesmo: **os meus recursos de inteligência e vontade têm raízes no mais profundo de mim e na divina ordem. Fortíssimos, agem quando por mim procurados, atraídos, desejados. Uma vez em ação, produzem resultados maravilhosos e me conduzem a paragens não sonhadas. Confio no potencial e nas minhas imensas reservas de amor e resistência, mesmo que tudo se mostre complicado, decadente e sem solução.**

A sua ordem de ação mexe o íntimo das dificuldades.

271

Se você estiver disposto a usar a violência para fazer valer seus direitos ou impor uma forma de pensar, abandone este comportamento.

Largue essa ideia.

A violência não resolve. Agrava, complica, deixa rastro e mal-estar. Atinge primeiro a quem nela pensa antes de chegar ao alvo e enviar ondas que requerem volta. Em outras palavras, se você odiar, sofrerá mais ódio na contramão.

Seja pacífico. Ninguém gosta das pessoas violentas.

A vitória pede paz para se estabelecer.

272

Não se considere inferior aos outros, despreparado e injustiçado.

Se até a planta tem a flor, o perfume e o fruto, você, por ser humano, tem valores e qualidades que o distinguem dos outros, tudo conforme a vontade do Criador.

Não há ninguém igual a você em toda a face da Terra. Por isso, não se embarace na confusão criada por eles, não se abata como eles, não copie as ideias e procedimentos pecaminosos. Tenha mente livre, boa intenção, vontade de progredir e faça tudo conforme achar melhor. Ponha as suas capacidades a funcionar e sentirá o sabor da vida.

Quem pensa como escravo se torna escravo.

273

Deixe a tristeza de lado e veja beleza no dia, nas flores, no rosto das pessoas.

Tudo é belo, mas maior beleza ainda e maior significado tem o que você é por dentro, o seu "eu", a sua alma, onde está registrado e guardado o quanto você é bom, o quanto você é alegre e esperançoso.

Sinta-se com muita beleza interior, agradeça a Deus suas qualidades, despreze a tristeza negativa, tenha paciência, dê amor, seja gentil e verá refletir na face dos outros a sua beleza, e isso lhe dará um grande prazer.

Se preciso, force um sorriso.

O ipê aparece mais lindo na época da seca.

274

Tudo se modifica.

A dor de agora, o que restou de erros, problemas e aflições, sofrerá profundas mudanças daqui a pouco.

Em nenhuma hipótese, despreze o valor do tempo. Aproveite-o para apagar o mal, planejar e realizar o progresso, arrumar o que está desarrumado. O tempo desperdiçado não volta. Tenha, a partir de agora, o desejo de se aperfeiçoar, resolver o que está pendente, amar e agir com alegria e decisão.

O tempo é seu amigo. Confie nele. Tudo que fizer de útil e bom retornará na hora certa em forma de benefícios.

É muito melhor o amanhã para quem confia nele desde hoje.

275

Não pense: **faço o bem e nada de bom me acontece ou não posso ser otimista porque isso não tem valor.**

Raciocine assim: **é certa a colheita da vida.** Quem planta arroz não colhe feijão. Na hora certa, a vida me responderá pelo bem que fizer, pela esperança que der, pela alegria que irradiar, motivo pelo qual não devo me preocupar com recompensa. Deus me devolve amor em silencio, eleva-me, mostrando ser pai. Assim, saberei esperar, sem desesperar. Confiarei no hoje e no amanhã, serei bom, alegre, esperançoso todo tempo. Manterei firme o otimismo ainda que o mundo pareça desabar sobre mim.

O céu, a água, o ar ajudam só por ajudar.

276

Não pense: **para mim nada dá certo, só o que é ruim me acontece, os outros são mais felizes do que eu.**

Você não é uma vítima, nem o mundo é melhor para os outros. Se você pensa que a vida é ingrata, é você mesmo que lhe impõe uma maldição, uma predestinação ao insucesso.

A vida não é má.

Para ser feliz, corrija a si mesmo. Se algo não saiu bem ontem, sairá bem hoje ou amanhã; se apareceu um insucesso, o sucesso virá mais a frente. Acredite-se com sorte e iniciará uma marcha em direção à prosperidade.

A vitória sorri para quem acredita nela.

277

Se os seus empreendimentos estão sofrendo atrapalhos, se as coisas não marcham como gostaria e querem levá-lo à desesperança, preserve-se dos abalos.

Considere passageiras as contrariedades, convicto de que caminha para uma situação de tranquila normalidade, a salvo, como um náufrago na praia. As dificuldades são manhas que mais aumentam quando mais temidas.

Acredite fortemente em si e prossiga vivendo, trabalhando e crescendo, sem medo de atrapalhos, tendo um bom futuro à espera, certo de que os problemas nada são para você.

O que atrapalha não são os problemas, mas a fraqueza de quem lida com eles.

278

"Só é feliz quem faz os outros felizes", dizia, do púlpito, o pregador, de coração inflamado.

Se falava verdades incontestes, sofria, porém, pela boca da esposa a lhe dizer: — "Você só é bom por fora. Você não é o que prega".

Ele deveria provar com atos o que dizia, mas deixou-se dominar por essas críticas e a duvidar da veracidade das suas afirmações.

Atingido, entregou-se à mudez, abandonou o púlpito e, em pouco tempo, ei-lo à mesa de um bar, embriagando-se.

Era mais uma vítima da crítica.

Não dê valor à crítica destrutiva para que ela não vire verdade.

279

Maravilhava-se a operadora diante do computador. Possibilidades de criação, organização e rapidez na tela...

Nisso, tranquila voz lhe diz: "Muito mais é o teu computador mental. Se este computador pode muito, tu podes tudo, se ele realiza operações complicadas e delicadas, mas ainda limitadas, tu és ilimitada. Tens inteligência e vontade, és espírito eterno, uma faísca de Deus".

A moça sentiu tocar o coração, levantou-se, olhou-se no espelho e pensou: "Sou muito mais que uma máquina, sou gente, tenho beleza, vida, esperança, posso amar e ser feliz".

A esta altura não se conteve e disse: "Obrigada, meu Deus!"

280

Para aliviar o coração, pense da seguinte maneira:

Preciso falar com Deus. Descarregar a alma oprimida, abrir horizontes novos, expectativas diferentes, fazer surgir um consolo especial na minha caminhada. Para obter isso, entrego-me a Deus e aos pensamentos otimistas. A vida pede de mim uma definição. É preciso pensar, pensar, pensar. Não jogarei a água fervente da descrença sobre a plantinha dos meus pensamentos positivos. Tudo se modificará, bem sei. Aperfeiçoarei os sentimentos e receberei o prêmio de uma definição favorável.

A prece sincera desperta um ânimo invencível.

281

Ó Deus! modifica o meu coração e a minha mente para que eu possa ser feliz, preencher-me de mais paz e entender as pessoas a partir do que dizem, pelos olhos, timbres de voz, gestos e expressões, compreendendo os seus anseios e necessidades.

Faze-me Senhor, superar minhas deficiências e rancores e os tratar com delicadeza e bondade, sendo para eles a alma amiga e protetora.

Com relação a mim, dá a força para me considerar melhor, ver-me com qualidades, vontade de ter paz e sucesso, sem me queixar de nada.

Obrigado, oh! Deus, pois que és o meu Criador.

282

Deixe-se tocar pela beleza do dia, logo ao se levantar e procure vibrar com o que vivenciar.

Isso é otimismo e viver com alegria.

Para maior êxito, ainda, admire as pessoas, o que significa o olhar que têm, como se expressam, se desincumbem dos afazeres e seja delas um irmão, trocando afetividade, compreensão e socorro.

Nada neste mundo se compara às pessoas, que são divinas. Por isso, espalhe boa ação e ânimo por onde andar, e conquistará uma profunda alegria.

Na vida há rosas e espinhos; os otimistas vêem as rosas e, os pessimistas, os espinhos.

283

Corno um corrosivo, o pessimismo prejudica o corpo, a mente e a alma.

Extirpe-o totalmente. Não seja como aquelas pessoas que, mesmo diante de notícias agradáveis, dizem: "é, mas poderia ter sido melhor. Não estou completamente satisfeito."

Ao contrário, pense: **"O mundo me é favorável. Vivo em paz com todos. Os problemas são um nada para mim."**

O pessimismo é uma insatisfação porque faz ser mau o que é bom e imperfeito o que é perfeito, ao inverso do otimismo que, no mal vê ignorância, no problema, a solução, na doença, a cura e dá prazer até nas mínimas coisas.

O pessimista é infeliz porque não vê o lado bom.

284

A vontade comanda a vida, transforma o pobre em rico, o ignorante em sábio, o triste em alegre, resolve os problemas, acalma e leva à mais alta felicidade.

Renegue o comodismo, a inércia, a incompetência e imagine-se forte, rico e saudável. Assim se tornará, nas bênçãos de Deus.

Não veja problemas, tropeços e dúvidas pela frente. Como tem uma força interior poderosa e benéfica, não há o que temer. Erga a cabeça. Siga com determinação. Corrija o que precisa de correção. Perdoe sempre e conserve uma firme crença no futuro.

A vontade é como a força das águas que nada pode deter.

285

Não forme a convicção de que virá o pior.

Pense da seguinte forma: **o pensamento negativo é uma pedrinha no sapato, interrompendo a caminhada. Quero subir, melhorar de vida, superar atrapalhos mas, ao pensar que não posso, que minha luta é ingrata, crio uma pedrinha que me impede andar. Agora, que isso sei, vou ser positivo e libertar a mente de expectativas nervosas. Acredito, a partir deste momento, que as pessoas são fagulhas divinas. Todos os acontecimentos estão num esquema de progresso e paz. Não tenho inimigo algum. A vida é ensino e alegria. Estou em direção ao melhor que ela pode me dar.**

Quem espera o que é bom, recebe.

286

São libertadoras as ideias de alegria, esperança, firmeza, saúde, paz e, aprisionadoras, as de tristeza, fraqueza e doença.

Então, jamais julgue que a vida não tem sentido, que nada presta, que ninguém gosta de você.

Liberte-se das ideias aprisionadoras e pense decididamente: **"Sou alegre e muito capaz de progredir. Tenho saúde, paz, esperança. Não temo adversidades porque Deus está comigo"**.

Dirija o pensamento para a crença em si mesmo e terá os benefícios do otimismo.

As aves de asas mais fortes voam mais longe.

287

Não espere sobrevir o desânimo ou a doença para recorrer à força interior.

Dentro de você estão reservas inesgotáveis de bondade, resistência e esperança, prontas para a ação, não se justificando esperar os momentos graves.

A todo momento, julgue-se forte e cheio de qualidades. Veja em você a disposição de espírito, a coragem e uma forte dose de ânimo. A perfeição vibra dentro de você.

Pense positivo, sem fraqueza. Despertará uma alegria sem par, uma certeza no futuro e se ligará à felicidade, sentindo-a tocar no coração.

A força interior é para a alma o que o coração é para o corpo.

288

É no exato momento do problema e do desencadeamento das pressões que você deve empregar medidas salvadoras.

Domine-se.

Consiga o alívio, reconhecendo-se muito mais forte do que o problema e nada tendo a temer. Se ainda sentir fraqueza, considere que pode aumentar as forças por meio de prece e meditação. Se mesmo assim continuar, taxe-o de passageiro, relaxe, respire fundo e o entregue aos favores do tempo.

Não se agarre à uma solução imediata.

Para boiar é preciso soltar o corpo ao sabor das águas.

289

Não sofra, se ainda não consegue mostrar a sua grandeza de alma, os talentos e capacidades, e se sente vítima da incompreensão dos outros.

Para não se deprimir, fortaleça ainda mais esses valores, a ponto de dispensar aplausos ou críticas. Diga para si mesmo, com bastante clareza: **dentro de mim estão qualidades, competência e inteligência que me fazem a vida feliz, realizada e ampla. Supero qualquer tipo de obstáculo. Diante de mim se desenha um futuro de muita ação, construção e alegria.**

As opiniões dos outros são muletas.

Quem tem pernas fortes não precisa de muletas.

290

Use os restos do passado para melhorar o presente.

Tenha consigo estas palavras: meus acertos, erros, fracassos, experiências estão no fundo da mente. São adubos das novas ideias e atitudes como restos de velhas colheitas que, absorvidos pelo chão, fortificam as raízes da nova plantação, fazendo-a viçosa e produtiva. Também as raízes das ações de amanhã estão no meu hoje. em vista disso, quero colocar vida, fortaleza, otimismo no que faço. No fundo do coração, creio em mim, no poder que Deus me deu e sinto vontade de ver o fruto de minhas novas disposições de espírito.

É vivo o amanhã nascido da experiência.

291

Não esmoreça.

No fogo da luta pela vida, você é compelido ao revide, à revolta e a usar das mesmas armas de que é vítima, mas, controle-se, para não sofrer as consequências do mal.

Afirme-se e reafirme-se pessoa calma, inteligente o suficiente para saber se conduzir e desfazer as contrariedades.

As suas capacidades, quando despertas, provocam tão intensas revoluções internas que você chega a se admirar do que era capaz e não sabia.

Por isso, acredite-se com uma força poderosa.

São as pessoas do serviço pesado que têm os músculos mais fortes.

292

Nenhuma pessoa, mesmo riquíssima, tem um futuro melhor que o seu.

Deus, o tempo, o amor, teceram para você uma felicidade que está a caminho, a ninguém sendo permitido ocupá-la em seu lugar.

Aceite isso como verdadeiro, acredite existir um grande tesouro à sua espera e faça por merecê-lo.

Oriente os pensamentos. Ame mais. Cale as críticas, lamentações e ofensas, e estará atraindo a felicidade a cada ação, a cada minuto.

Siga o seu próprio modelo. Solte a alegria, o sorriso, o bom pensamento e jamais desanime da boa intenção.

Há ricos que quanto mais riqueza têm, mais infelizes são.

293

Apóie-se na esperança, mesmo quando enfrenta a dor no corpo e na alma: quando não tem os méritos reconhecidos, apesar do trabalho duro; quando está desempregado e ainda tem pela frente o custo da vida; quando traz a chaga escondida, o desânimo, a insatisfação estranha, a falta de amigos ou enfrenta queixa, exigência, desamor...

Não desfaleça. Tome fôlego. Comece tudo, se preciso. Jogue para longe a tristeza, o pessimismo, a repetição do passado. Deixe entrar a esperança.

A esperança é vida, ação e vitória.

Na noite mais escura se vê melhor o brilho das estrelas.

294

Exponha-se à transformação.

Tal como a janela aberta à luz da manhã, exponha os seus desejos ao divino sol da transformação.

Manifeste, com vigor, uma reverência ao Poder Superior e uma decidida intenção de se aprimorar, de resistir às tempestades dos problemas, de extinguir a ilusão, e de andar com pés firmes, sem medo de errar.

Tome, agora, a decisão de se expor à transformação e deixe entrar a luz da esperança, mesmo que esteja chocado, magoado ou desanimado.

Renove-se.

É exposta ao sol que a plantinha se desenvolve e chega a ser árvore robusta.

295

Domine os nervos.

Não siga o que quer a contrariedade, o insulto, a palavra áspera.

Pense desta forma: **meus nervos são um animal bravio que, se não o prender, faz estrago em mim e nos outros. Trocar ofensas aumenta o mal-estar. Só os indisciplinados deixam o animal solto. Relevarei tudo. Vou tratar de coisas mais importantes, cuidar de mim, jamais agredir, voltar minhas vistas para fazer bem-feito o meu hoje, ter mente elevada, ideal, esperança, paz. Acredito em mim, na minha força, em Deus e me confesso acima do nervosismo.**

Na tolerância de hoje está a paz de amanhã.

296

De tudo o que existe, o mais importante está dentro de você.

São as suas qualidades de coragem, confiança e amor que querem brilhar, produzir resultados, dar-lhe saúde e paz.

Ponha-as em uso, visando realização, melhoria e pacificação, e verá fluírem de dentro como um pássaro restituído à liberdade.

Renove-se. Trabalhe com confiança. Aja com fé no dia de hoje e no de amanhã. Não tema atrapalhos. Confie nas suas qualidades porque são de Deus.

Tudo melhora por fora para quem melhora por dentro.

Você é um pássaro preso quando prende as suas qualidades.

297

Por que andar com cabeça a mil por hora, perturbado, agitado?

Não esteja ansioso com o que fazer, como se fosse um motor sempre ligado.

Acalme-se. São inúteis certas agitações.

Dê valor a si. Corrija o seu pensar, sentir e agir, com profunda fé no Deus que está dentro de você, maior esperança e nenhum medo de problemas.

Modifique-se. Uma pequena modificação interna ocasiona profundas alterações externas, dando-lhe maior prazer em viver.

Desligue-se.

Nenhum motor é mais importante do que o coração.

298

Se dizem que você nasceu para falhar, mentir, corromper e maltratar, não acredite.

Você não é um carro atolado na lama. Você nasceu para a integridade, para a riqueza de amor, esperança e paz, como um ser sublime e puro.

Seja forte na crença em si. Reflita e analise-se positivamente. Reconheça o valor do seu EU, sem orgulho, sentindo-se filho de Deus, que tem mais amor que egoísmo, mais qualidades que defeitos, e um belo futuro a realizar.

Os outros vêem em você os defeitos que eles mesmos têm.

Quem se vê com bons olhos é como quem dirige um carro e evita cair nos buracos da estrada.

299

Quem agradece, estende a mão para a vida, como quem cumprimenta um amigo e aquece o coração, e quem agradece pelos problemas é como cumprimentar o inimigo para não guardar o ódio.

Por isso, agradeça sempre.

Se chove, agradeça a chuva: se faz sol, agradeça o sol; se tudo corre bem, agradeça porque tudo corre bem; e, se surgem contratempos, agradeça porque eles lhe ensinam a viver.

Agradecido, você se resguarda, mantém o equilíbrio e elabora a felicidade.

Quando você estende a mão para a felicidade ela também estende a mão para você.

300

Pense em progresso e diga convictamente:

Não marcho para a decadência, a doença ou a tristeza. Estou a caminho de melhorias e paz. Não acredito em derrota ou em que tudo termine em desastre. O que me diz respeito vai ampliar, melhorar, realizar como melhor me compete. Assim penso e estabeleço com vigor a força do otimismo e da fé. Acredito em mudanças. Só vejo o que é bom. Minha determinação interior tem a força de construir uma nova realidade. Deus me segura pela mão, mostra-me benefícios no tempo e ampara-me nas horas mais duras.

Deus garante as forças que você tem.

301

Na hora de resolver um problema, não descreia da solução, como quem começa a viajar sem esperança de atingir o destino.

Descrença é mente fraca.

Seja forte e reaja. Sobretudo, acredite que o problema não existe, existindo apenas um conjunto de ideias que, se achar difícil, é um problema e, se achar fácil, nada é. Segure os pensamentos para não caírem na dúvida. Reconheça-se com a força de um gigante e nada veja como imodificável.

Reduza o problema.

Uma pessoa é pequena frente ao mar, mas grande frente a um pingo d'água.

302

Você é o melhor mecânico de si mesmo.

Conserte-se. Realize-se como criatura humana que respira o oxigênio da liberdade interior, o ar da felicidade, a plenitude de espírito, a disposição para chegar ao máximo de evolução.

Não fique imobilizado, repetitivo, autoimpedido, como se fosse máquina desligada, vendo passar o trem do progresso. Se estiver obrigado a horário e rotina, preserve a criatividade e não perca a calma. É uma exigência de vida, nada mais.

Imponha a paz a si mesmo e se ilumine de esperança.

Você não é máquina, mas precisa se ligar e funcionar.

303

Prender o passado é sofrer ontem e hoje.

O mau passado é um fardo que, solto, se desfaz mas, preso, mantém vivas as dores que já deviam ter sumido.

Tire o passado do presente.

Para apagar o passado, pense no presente, passe sobre ele uma esponja como quem apaga um risco de giz e se ocupe em fazer hoje melhor que ontem.

Não se preocupe. O passado já foi, nada mais representa. O importante é o agora, aproveitando-o para ser roseira florida.

O homem. que atravessava o rio a nado, só não foi ao fundo porque se desfez da trouxa que trazia às costas.

304

É você quem faz a vida.

Se insiste em ser primavera, nem mesmo as grandes agitações, os ventos fortes e o granizo derrubam a sua formosura, mas, se prefere ser atoleiro, até mesmo os ventos leves, as insignificâncias servem para prendê-lo à lama.

As pressões, as dificuldades, os problemas se esvaziam, quando encontram o firme desejo de vencê-los, mas se enchem de força, fazem estrago e perturbação, se acham fraqueza.

Rebele-se contra o mal. Seja alegre e positivo. Resista ao insucesso, ao desânimo e ao egoísmo.

Só pode ser primavera quem dá valor às flores.

305

Mire mais alto, abra os olhos, aprume-se, erga-se e se direcione.

Ninguém contesta que você vive debaixo de dificuldades, contratempos e crises. Não é possível esconder que você muitas vezes retém o pranto, esforça-se, carrega o peso da própria vida.

No entanto, não há o que negar também que tudo poderia estar melhor se você escolhesse um bom caminho, fortalecesse o coração e usasse a força da inteligência.

Você tem tudo para vencer. Se olhar bem, verá que nada lhe falta, bastando apenas saber usar o que já tem, tomar decisões positivas e amar.

Execute um bom objetivo.

Coração e mente esclarecidos são aberturas de felicidade.

306

Nas horas em que o mundo se afigure cruel e as pessoas pareçam demônios, não imagine as complicações acima de sua resistência.

Arregimente a defesa. Segure os maus ímpetos. Reaja com otimismo. Encare as dificuldades como lições, treinos, oportunidades, benefícios. Transtornos acontecem com todas as pessoas.

Analise o que fazer e se socorra da prece. Entregue-se nas mãos de Deus para maior acerto nas decisões.

Você tem força interior para vencer toda e qualquer dificuldade.

Para vencer a subida, o motorista engata marcha mais forte.

307

Não pense em tristeza, insucesso, dor, a fim de não atraí-los.

O pensamento atrai o bem e o mal porque é seu objetivo entrar no concreto, materializar-se, ser ação real.

Imagine estar com alegria, saúde, paz e elas aparecerão como quem chega com boas notícias. Na adversidade, resista até que passe.

Mantenha, na boca, boas palavras, na mente, bons pensamentos e, no coração, bons sentimentos. A Providência Divina faz o resto.

Quem não reage, se afunda, cai no poço mas, quem se decide, levanta e realiza.

308

Tome coragem, decisão e renove as ideias.

Há quanto tempo você mantém as ideias fixas, inadequadas, desconfortáveis?

Isso é como substituir velhos móveis domésticos e pensar: "por que mantive estes móveis nessa posição por tanto tempo?"

Substitua as velhas ideias. Arranque-se para o progresso e a ação construtiva. Tenha incentivo, nascido de dentro, e vontade forte de viver feliz.

Abra um sorriso. Mostre o quanto valioso você é. Reorganize tudo, se preciso.

Havendo ordem interna, há ordem em tudo.

309

O ontem ficou para trás.

Se ontem você agrediu, fez o que não queria, foi mal recebido, sofreu desgosto e injustiça, ficou doente ou desanimado, tudo acabou hoje.

Hoje é um novo dia, novas oportunidades e atrativos.

Aproveite-o como quem sai de um túnel escuro para a luz. Se o ontem quiser passar para o hoje, corte a sensação. Reaja. Imponha otimismo, vontade de ser renovado, diferente, liberto do peso no coração.

Aumente a confiança em si, o amor, as expectativas de prosperidade. Todos os dias lhe são favoráveis.

Um novo dia é uma vida que começa.

310

Para criar ânimo, fale desta forma:

Não enxergo o mundo como um ingrato que não corresponda à minha bondade e esforço e me coloca sob maus-tratos. A questão de estar bem ou não com o mundo depende de mim. O meu mundo externo é igual ao interno. Se tiver o mal por dentro, o despreparo, o desânimo, serei infeliz. Não sou assim. Busco me elevar, pensar alto e me livrar da influência negativa como quem corta um arame que o prende e aperta. Vivo bem com todos. O amor me sustenta. Um grande futuro me espera.

O mundo respeita quem sabe por onde anda.

311

Pegue o caminho certo e seja feliz.

Mais valiosos do que a aparência, a posição e os ganhos são a sabedoria, a inteligência, o sentimento, o otimismo porque duradouros. Dizem respeito a você como pessoa humana.

Não viva só do que é material e imediato. Encontre um real prazer no cultivo da esperança, na construção de um progresso que o satisfaça por inteiro, como quem respira fundo o ar puro.

Trabalhe, sirva, confie na sua capacidade e será bem-sucedido.

O prazer material não satisfaz; quem tem um, quer outro.

312

Se desde cedo você se agita diante do muito a fazer, sem saber como cumprir os compromissos, procure acalmar-se e observar o que faz.

Nem tudo merece ser feito ou ter lugar de destaque.

Descomplique. Reduza as exigências. Alivie a mente. Nada justifica o nervosismo. Não seja como máquina, frio e automático. Raciocine. Antes das providências, examine com atenção e eleve a Deus uma prece. Acredite se sair bem e assim será.

Atenha-se ao necessário.

Cansa menos quem viaja com menos bagagem.

313

Mesmo quando tudo esteja ruim, difícil, diga: **tudo está bom. Outros estão em situação muito pior**.

Quebre a insatisfação e se imponha. Pense em algo mais agradável.

Raciocine: **Não vou amargar problemas. Seja qual for a minha situação, vou melhorá-la, alcançar a paz, olhar o mundo e as pessoas com simpatia. Tenho tudo para ser feliz: inteligência, disposição, saúde. Farei brotar flores no meu jardim interno. Jamais amarrarei minha prosperidade. Desde já me considero feliz. Tudo farei com vontade de progredir e acertar. Tenho um futuro brilhante e sinto prazer ao pensar nele.**

Nada vai mal para quem crê estar bem.

314

Reconheça a sua capacidade e progrida.

Faça a superação dos problemas, o progresso, a alegria, a felicidade. Creia ser competente, forte, pleno de sentimento, vibração e paz.

Não despreze a sua capacidade. É só experimentar, tentar e usar, que ela aparece e opera verdadeiros milagres.

Use sua capacidade com vontade. Vá ao máximo na busca da paz interior e na meta do progresso. Creia em você e ela aparecerá, sob as bênçãos de Deus.

A capacidade está no homem como o tesouro na terra, passa-se por cima sem saber.

315

Não pense em incompetência.

Raciocine assim: **os pensamentos querem ser realidade.** Toda edificação humana, cultura e refinamento do espírito, provêm da ação do pensamento. Assim, se eu pensar, mesmo que ligeiramente, em pobreza, desânimo ou doença, esse pensar buscará avidamente tornar-se concreto. Ocorre o mesmo com os de prosperidade, ânimo e competência. Manterei, assim, fortes pensamentos de prosperidade, beleza, saúde para que se concretizem. Afastarei os que deprimem e adoecem. Vibrarei com a vida. Valorizarei a paz e o otimismo.

O otimismo é fonte de vida abundante.

316

Ela reclamava à amiga:

— Não aguento mais, meu esposo é frio, não me faz carinho, só se interessa pelas coisas de fora do lar, para ele tudo tem valor, menos eu, nem sei porque gosto dele. Eu só me dedico ao lar, a ele, aos meus filhos...

A amiga, calma, ponderou:

— Se você tem a ideia fixa e definida de que ele é frio, com que cara você se apresenta a ele?

Ela reconheceu que mostrava insatisfação no rosto e admitiu que isso o levava a mostrar frieza. Refletiu. Arrependeu-se. Quando o marido chegou em casa, deu-lhe um amplo sorriso, ao que ele respondeu:

— Puxa, como você está bonita!

317

Quem se imagina caminhar de mal a pior, sem condições de melhorar, certamente está na contramão da estrada da vida.

Tudo em você e no Universo é feito para crescer, evoluir, acertar, consertar, ser perfeito, belo, feliz. Pôr-se o contrário disso é buscar a dor e a infelicidade.

Por isso, seja otimista. Não faça da vida um depósito de críticas, lamentações, artimanhas. Creia em si. Acenda uma luz que ilumine toda a sua estrada. Seja alegre, resistente ao desânimo e descobrirá a felicidade.

O motorista do carro na contramão é quem corre o perigo maior.

318

Diz o ditado: "Quem planta ventos, colhe tempestades."

Há furacões interiores, nascidos de ofensa a si mesmo ou aos outros, mas há também ações de respeito e amor que são brisas suaves.

Cuide do espírito e evite os furacões devastadores. Tenha pensamentos tocados pelo ar puro da verdade, em direção ao progresso pessoal e coletivo. Empregue a vontade de ser mais como pessoa. Crescer nas qualidades. Ser mais feliz, mesmo que entregue ao sereno, na noite das dificuldades.

Só conhece tempo bom quem não polui a sua atmosfera.

319

Olhe para dentro de si.

Faça um autoexame e se preencha de energias para enfrentar os obstáculos que encontrar.

Aja como o motorista prudente que, para vencer os imprevistos da estrada, deixa o carro arrumado antes da viagem.

Verifique as condições e coloque em perfeita ordem a sua vontade de vencer, a coragem, a alegria, a esperança. Conserte o que estiver com defeito e se ponha em marcha.

Você é filho de Deus.

Quem se examina, garante êxito até na estrada de pedras.

320

Você não é um joguete do destino.

Pense assim: **não sou uma máquina, um instrumento, uma peça qualquer, um escravo das circunstâncias. Sou importante pois que valorizo ou desvalorizo, priorizo ou despriorizo, invento, arquiteto, amo e construo. Faço o hoje e o amanhã pela minha ação de fé e trabalho. Tenho um grande poder de escolha e não estou subordinado a imperativos senão aos nascidos de mim mesmo. Volto a mente para o alto e não desprezo o meu poder de comparar, separar, presumir e pressentir o bem e o mal. Considero-me feliz, esperançoso, inteligente e assim sigo vivendo.**

Um filho de Deus não é joguete do mundo.

321

Neste dia, tome a decisão e diga para si mesmo:

Hoje, serei paciente e bem-humorado. Ouvirei com bastante atenção. Olharei nos olhos de quem me olhar. Examinarei bem cada coisa, cada ato meu. Falarei certo de não errar. Não vacilarei nos meus projetos de vida. Não comprometerei a saúde e nem retribuirei o mal com o mal.

Para fazer isso, pense:

Não sou fraco ou vacilante. Não temo problemas. Estou progredindo. Minhas qualidades estão agindo e se expandindo. Tenho amor no coração, sorriso nos lábios e olho agradecido aos céus.

A boa intenção é um sol dentro da alma.

322

Desmonte os problemas.

Às vezes o problema é como uma bomba colocada à sua frente, prestes a estourar e a causar estrago.

Não se atemorize, mesmo que pareça possuir alto poder destrutivo. Toda bomba é desmontável, às vezes bastando apagar o pavio.

Confie que pode desmontar os problemas, sem medo de estragos. Ao estar diante de um, pense: **nenhuma questão me fará medo nem será vista como um problema. Tenho capacidade e tudo resolverei.**

Faça assim.

Uma vez desmontada, a bomba não é mais nada.

323

Senhor!

Quero estar agora com a alma aberta para Ti, otimista, vivaz, esperançoso e realizador.

Tua poderosa vibração penetra fundo o meu ser, levantando as qualidades, a esperança, a certeza de poder fazer bem.

Tua bênção coroa este meu dia de forte alegria e me faz sentir gente completa, com uma amplidão de confiança nas forças. Vou hoje tomar decisões para melhorar, acender o meu sol interior, firmar-me nas boas intenções e deixar de temer as situações adversas.

Hoje, Senhor, sou uma criança que consegue abrir os olhos.

324

Mesmo que esteja em dúvida, mentalize a paz, a saúde, a felicidade, uma de cada vez e diga para si mesmo: **a paz está em mim. A saúde está em mim. A felicidade está em mim.**

São fortes pensamentos que ficam entesourados na mente, prontos a se concretizar no plano real e a anular os de intranquilidade e descrença.

Exercite o pensamento positivo. Acredite no poder que tem. Sinta-se preenchido de valores, em direção a um bem-estar que nunca se acabará.

Uma mentalização bem-feita é como a embarcação que se apresta para uma viagem confortável.

325

Reconheça a sua força.

Pense assim: a minha natureza profunda é de poder, ação e inteligência que atingem elevadíssimo grau. Por mais que indague sobre esse cabedal interior, ainda sobrará muita coisa para entender. Reconheço-me com força, qualidades e virtudes imensas. Quanto mais me conscientizo de que as possuo, mais elas afloram e me fazem localizá-las nos outros, constituindo-se fonte de boa convivência e paz. Por isso, meu futuro é muito bom, meus dias são ativos e conservo grande fé no coração. Nenhuma dificuldade me dá medo.

A sua força é grande porque vem de Deus.

326

Dê o melhor de si.

A doação, o amor e a paz, que saem de você, são como luzes que, tocando os outros, desperta-lhes a vontade de ser como você é.

São reflexos que, devolvendo as luzes, fazem você feliz. E é motivo pelo qual são felizes os bons e generosos.

Seja, pois, uma luz, um ombro amigo, um olhar sereno, um ouvido atento. Mesmo que enfrente problemas e carências, não se considere infeliz ou "ser de segunda classe", mantendo, com isso, acesas as luzes interiores.

Faça os outros felizes e será feliz.

Brilha mais a vela quando a escuridão é maior.

327

Apague da mente as lembranças tristes a fim de libertar o dia de hoje da escravidão do ontem.

São as ideias ligadas ao hoje as reais construtoras do amanhã. O ontem teve o seu momento, mas a vida chama para prosseguir, avançar, renovar, começar de novo, vencer imperfeições, dar o máximo de si.

Livre-se do passado de culpas e use as suas capacidades, os recursos da inteligência, a força das oportunidades deste dia para realizar-se como pessoa, corrigir erros e compreender a vida.

Não fique a lamuriar.

A força do hoje quebra as algemas do ontem.

328

Se a tristeza chama você pela boca da necessidade, falta de dinheiro, chefe exigente, ocorrência ruim, desconsideração da parentela, reconheça-se com forças para superar tudo e voltar a ser alegre.

Não deixe que se tornem problemas e tormento.

O problema, o tormento, resulta de uma medrosa avaliação das circunstâncias. Considere-as descomplicadas e não exercerão pressão.

Tenha crença nos seus dotes e qualidades e encontrará resistência interior. Persistirá com otimismo e vigor mesmo nas situações consideradas dolorosas.

O problema é o filho da fraqueza.

329

A respeito de ofensas e humilhações, tome boa disposição e reflita nas seguintes bases:

Tenho pela frente a questão. Se me considerar ofendido é porque fui alcançado e me rebaixei ao nível da ofensa, do instinto. Se me colocar superior, venço a pressão para lançar pedras e terei paz adiante. Agora, vou tomar este último caminho, não descer, agir com inteligência. Vou deixar de lado a ofensa e me ocupar de viver bem o dia, espairecer a cabeça, olhar para frente, para o futuro, com fé, pois tenho alma grande e feliz.

Quem tem telhado resistente não teme chuva de pedras.

330

Não viva se maldizendo, culpando e atormentando.

Pense: **vou dar o devido desconto às minhas faltas.** Não vou sofrer por causa delas, pois meu desejo de não repeti-las é mais forte. Enquanto for culpado, mostrarei arrependimento e suportarei as palavras que ouvir. Para não sofrer, vigiarei, orarei e me educarei no amor. Mesmo falível, manterei viva a certeza de possuir todos os recursos para eliminar pontos fracos, retificar faltas, modificar planos. Meus erros são professores, mas não os repetirei. Meu futuro está nas minhas mãos e a ele darei especial atenção, a partir deste justo momento.

Erro superado, avanço conseguido.

331

Siga a sua boa natureza, pensando assim:

Tenho resistência que me vem desde o nascimento e posso triunfar em todos os aspectos. Ainda quando as dificuldades sejam nuvens prenunciando aguaceiro, manterei o otimismo, confiarei no poder que Deus pôs dentro de mim. A tormenta não será mais do que chuvisco passageiro. Vou sempre esperar a volta da normalidade e não colaborarei para o meu desalento. Conservarei o ânimo segundo me indicar a intuição, a minha maneira especial de ser e agir. Só pensarei em melhoria e alegrias.

A vitória sobre as dificuldades tem gosto de felicidade.

332

Penda para o otimismo e pense da forma seguinte:

Tenho que me livrar do pessimismo porque é nuvem escura sobre mim, impedindo o ânimo e o sucesso. Vou vencê-la, dissipá-la e enxergar o sol que brilha mais acima. Vou ser otimista, andar seguro, iluminado pela esperança. O otimismo me puxa para cima, me dá alegria, bem-estar. O pessimismo quer me vulgarizar, rebaixar, atrapalhar. Por isso, mesmo que tudo seja difícil e o problema agudo, não me prostrarei intimidado. Confiarei numa boa solução. Trabalharei nesse sentido, com fé no meu sol interior. O problema vai ser pó.

O otimismo é o caminho do êxito.

333

Para ganhar força contra as dificuldades, raciocine assim:

Não quero me revoltar. A dificuldade, o tropeço, a queda mobilizam a minha força interior. São a única forma que tenho de sentir o valor da paz e do futuro. Não é por ter de lutar que desistirei ou desanimarei. Não serei vencido por problema algum. Não é o problema que me dá mais trabalho, é a minha visão insegura, a falta de fé, o nervosismo. Vou vencer tudo isso. Tenho força, energia, vitalidade, amplas perspectivas. Tudo o mais me será secundário.

Vencedor é quem quer lutar ainda mais.

334

Hoje, diga para si, com convicção:

Tenho certeza de possuir uma força viva, cósmica, divina que suplanta qualquer problema e pode me conduzir às alturas. Faço esta força se apresentar, produzir resultados e me dar prazer. Confio e nela me apóio. Ponho em prática os pensamentos positivos. Trabalho e oro com vontade e esperança. Quando me vejo com capacidade, a força é capacidade. Se me vejo inteligente, ela é inteligência. O mesmo acontece quando penso ser bom ou feliz. Amo esta força e agradeço a Deus por isso.

A força interior se veste da roupa que a ocasião exige.

335

Só os ideais nobres, paciência, esperança e amor geram gostosos estados de espírito.

Pense assim: **se eu quiser usufruir ao máximo de dinheiro, sexo e diversão, falar e agir sem peias e normas, sofrerei a força da vida pura no sentido contrário.** Se atuar com pessimismo, desrespeito, ódio, eles me despejarão uma carga ácida de impaciência, desânimo e enfermidade. O futuro depende de como pensar e agir. Só pensarei e agirei em bom sentido, com esperança no peito, verdade na língua, equilíbrio na mente. Deus está dentro de mim e isso basta.

O mal se acaba em dor e o bem segue triunfante.

336

Solte a alegria e transforme a vida por completo.

Pense assim: **a minha alegria aparece quando quero, como à água do poço que sobe por sucção. Tomo a decisão e, a partir deste momento, tranco a tristeza e analisarei as palavras antes de as proferir. Terei com todos verdadeira amizade e enfrentarei os problemas com coragem. Solto, agora, a alegria que mantinha em cativeiro. Ela dará bons resultados. Assim confio. Não me submeterei à pressão para abrigar descrença e desânimo. Serei alegre e esperançoso em todas as situações.**

O sorriso é um poder que se revela.

337

Hoje é dia de alegria.

Pense assim: **dentro de mim existe uma fábrica de alegria. Não fabrico tristeza. A minha fábrica está aparelhada para produzir também resistência a todos os contratempos.** Para produzir alegria, procuro ver os outros como filhos de Deus e me julgo a caminho da felicidade, nada podendo me atrapalhar. Ainda quando a cidade pareça uma selva de pedras, o lar... um ringue, o trabalho... uma prisão, os amigos... uns oportunistas, jogo isso fábrica adentro e o produto final acaba sendo alegria.

Viver sem alegria é uma tristeza.

338

Para melhorar de vida, pense: **tenho muita capacidade de luta ainda inexplorada**. Por isso, não posso dizer: vou mais ou menos ou vou levando ou, ainda, o jeito é viver assim mesmo. Isso significa dizer: vou mal, as coisas estão ruins, não sou feliz. Considero-me com disposição para ir mais longe. Ponho a trabalhar a inteligência, a vontade e faço sumirem os problemas e chegar o progresso. Aprimoro-me em tudo o que é bom. Examino o que poderei ser no futuro e guardo real esperança.

Não fique parado.

Capacidade em ação, progresso à vista.

339

As suas qualidades cobrem os seus defeitos.

A respeito, considere-se da seguinte forma:

Coloco como certo que minhas qualidades superam de muito os meus defeitos. Ajo com mente positiva, forte o suficiente para vencer problemas. Os problemas vencem os que julgam ter mais defeitos do que qualidades porque encontram fraqueza e se impõem. Quando encontram confiança nas qualidades, eles caem e desaparecem. Confio nas minhas qualidades e serei bem-sucedido. Contra a minha força positiva nada se impõe.

Qualidade reconhecida é firmeza estabelecida.

340

A esperança, o otimismo, o ânimo, são uma necessidade.

Forme esta convicção: **sou esperançoso, luto para viver melhor, espero soluções e procuro crescer. Isto não é um sonho, mas uma necessidade da própria vida. A vida que há em mim é um chamado para frente, um vibrar, um destino a alcançar, um contínuo modificar e expandir. Acreditar, trabalhar e lutar, visando melhor futuro, é aproveitar a força da vida que atua em mim. Penso para frente. Acredito fortemente que vencerei, nas graças de Deus. Sou capaz, forte e feliz. Quanto mais penso assim, mais assim me torno.**

É otimista a vida que palpita dentro de você.

341

Não só este, mas todos os dias, enfrente com ânimo e coragem.

Diga para si: **não há dificuldade que resiste à minha disposição de luta, o meu sincero desejo de usar mais e mais ânimo para superá-la. Não há problema que resista à minha fé e à análise calma, minuciosa e vigorosa. O problema é uma miragem, uma falsa apresentação. Não o jogo para dentro para não perturbar o meu progresso, o dia, a situação. Tenho qualidades e mais qualidades. Ponho-me superior diante dos problemas e não conhecerei derrota.**

O mundo é claro ou escuro conforme a lente usada para vê-lo.

342

Recomece.

Mesmo que tenha cometido a maior falta, você pode iniciar vida nova, com novos planos, crescer e se fortificar.

Afirme a si mesmo: **assim como a ferida se cicatriza, a água se limpa, a planta se refaz dos golpes e os rios poluídos voltam à vida, eu possuo o dom de recomeçar e fazer um belo amanhã. Confio nesse dom de me transformar, no meu dinamismo e energia que fazem surgir flores nas lamas do passado. Recomeçarei. Progredirei. Consolidarei a minha vontade. Aproveitarei as oportunidades que surgirem. Vencerei, com certeza.**

Recomeçar é uma exigência da vida.

343

Comece bem o dia.

Pense: **vou fazer hoje o melhor que puder. Nenhum trabalho supera a minha capacidade. Tenho confiança que o melhor de mim transparecerá no que fizer. Os pensamentos positivos estão me sacudindo o espírito, fazendo vibrar a vontade de viver, crescer, amar, realizar com maestria, esperar com confiança. Considero-me com muitas qualidades. Quero fazer bem, ter mais paz. Confio que alcançarei o que pretender. Isso me dá sensação de calma e esperança.**

Creia no pensamento positivo.

É vencedor quem chega a pensar positivamente.

344

Enxergue a realidade positiva.

Pense desta maneira: **sofrerei muito se cair na onda negativa, essa de se ligar a defeitos, insatisfações, maldades. Quero me ligar na onda da perfeição, boa vontade, otimismo.** Tenho olhos abertos. Evito a mania de não querer ver, aceitar, amar. Não apanho pessimismo. Tenho aceitação. Desejo bem agir e progredir. Viverei alegre. Não aceito a cegueira de espírito, a inércia, a improdutividade, a fraqueza. Vou empregar boa vontade em tudo o que fizer, ver ou entender. Lutarei. Se preciso, esperarei com paciência. Meu futuro bom está garantido.

Quem bem olha, bem vê.

345

Para defender o coração dos ferrões do sofrimento, pense:

Vou preservar o meu coração. A turbação, a intranquilidade, a perda da paz, o desespero, nascem de minha desorientação, pessimismo e fraqueza ante os problemas. Não entregarei jamais o coração à perturbação, à revolta, a fim de não perder o tesouro da paz, conforme ensinou Jesus: "Não turbe o seu coração." Mesmo nas situações graves e difíceis, manterei a calma, com o pensamento firme na esperança das boas modificações. Agora mesmo, reoriento o pensamento e coloco a vida nos trilhos da paz, crendo em Deus, em mim e no bem.

O pensamento é o melhor guia.

346

Sobre esperança, tenha este pensar:
Não vejo razão para perder a esperança. Não sinto as horas pesarem, nem tenho a horrível sensação de estar a caminho da destruição, do nada. Procuro construir um mundo novo, sentir prazer em viver e superar os entraves que aparecem. Deus me fez com um bom sentido porque ele é bom. Sustento o pensamento alto e deixo os dias rolarem. Tenho certeza que caminho para melhor. Acredito em Deus, em mim mesmo e nos favores do tempo. Trabalho com entusiasmo. As preocupações não me fazem perder sono.

O futuro começa no pensar de agora.

347

Creia no futuro, pensando assim:

O meu futuro é uma bela escultura que estou fazendo com toques aqui e ali. É uma boa ação que faço, um sorriso que dou, uma prova de resistência que venço, um problema que supero. Não uso dar marteladas de mal e pessimismo. Faço na hora o que deve ser bem-feito. Se deixar para amanhã, o tempo passou e, como não havia vencido a etapa anterior, terei dificuldades. Nunca me rendo ao comodismo. Aprimoro a minha visão de mundo. Faço bons planos. Ponho mãos à obra, com força, coragem, determinação e dou vida à escultura.

Trabalhar o futuro é fazer um anjo.

348

No que respeita a doenças, pense dessa forma:

Estou saudável. Meu espírito está cheio de boa vontade. Não vejo razão para me preocupar com doenças. Desequilibrar-me, jogar nervosismo ou maldade sobre o corpo é agredi-lo, causar doença. Quero mais paz a cada dia. A que conseguir, vou guardar para os momentos em que mais necessitar. O estado de ânimo e fé, a boa direção de vida, são a fonte da minha saúde. Mesmo nos instantes difíceis, agradecerei a Deus pela minha saúde e por tudo o que sou.

Um pensamento raivoso é uma martelada na cabeça.

349

No meio da praça, imponente, erguia-se o pau-de-sebo, enorme mastro, muito liso e passado no sebo, tendo, no topo, um salário-mínimo.

Grande a disputa para chegar ao alto. Insistiam na subida, escorregavam e caiam. Um conseguiu chegar e pegar o dinheiro.

O padre, que assistia calmo, disse: "A vida é pau-de-sebo. Os mais persistentes chegam ao alto e atingem os objetivos. Mas em vez de dinheiro, deveriam colocar a conquista de valores do espírito, como o amor, a fé, a esperança. É triste chegar ao alto e ver que o objetivo não compensa."

É bom o objetivo feito na boa intenção.

350

Não julgue a ninguém frio, indiferente, coração de pedra.

Pense assim: **devo examinar primeiro a minha posição e os procedimentos antes de emitir juízo. A violência gera violência, o mesmo se passando com frieza, indiferença, maldade e crítica. Se criticar, impor, colocar-me contra e endurecido, então o procedimento dos outros será de defesa, respondendo na base do "olho por olho, dente por dente." Vou, em tudo, me mostrar amável, elogiar e conter as posições agressivas, e recolherei sempre respostas agradáveis.**

A mudança dos outros depende da sua.

351

Para o crescimento da força interior, ore a Deus, dizendo:

Meu Deus, careço do teu amor. Estou em busca de espaço, alegria, entendimento, como a planta que precisa de água, adubo, luz. Mas não posso me preocupar com carências. Tenho que dar maior atenção ao outro lado: o da minha força que tudo realiza. Sou, de verdade, uma alvorada. Há um sol brilhando dentro de mim. Por ele, vou iluminar, fazer crescer, atingir metas e ideais, ver um caminho florido à frente. Agora, minhas forças tomam alento e a esperança vem ocupar seu lugar.

A força interior se desenvolve à base de cuidados.

352

Não viva obrigado, como se nadasse contra a correnteza.

O que mais desgasta os nervos é ser contra os fatos e as pessoas, como uma estaca a evitar que a casa caia.

Não se canse inutilmente, compreenda, aceite. Tenha calma e se ponha lado a lado com os outros, o quanto possível. Pelo entendimento, você pega o gosto de lutar e ser gente. Constata como é bom viver em paz.

Não permaneça endurecido, desgostoso, em oposição, batendo aqui e ali. Solte-se e deixe cair a casca das contrariedades.

Ser contra é como dirigir um carro em contramão.

353

Se você está com muitos problemas e não sabe por onde começar, raciocine assim:

Vou pegar estes meus problemas, colocá-los no papel, um a um. A solução deles está em mim. Não vou me impressionar. O problema é como carregar embrulho. Pode ser incômodo ou fácil de conduzir conforme o jeito de pegar. Pesa, se fraquejar as pernas, mas é leve, se fortalecer os músculos. É também como me considerar amarrado por ele. Quanto mais temer, mais incho e a corda me aperta. Portanto, não devo temer os problemas, mas cuidar de preservar minha disposição de espírito. E assim faço, na graça de Deus.

O problema maior é o desânimo.

354

Para se sentir bem, pense assim:
Estou satisfeito. Tenho um estado de paz que flui e se expande de acordo como idealizo as melhorias e peço respostas da vida. Nunca me ponho triste. Sou eu que faço as coisas serem boas ou ruins. Procuro defender o meu íntimo, vencer dificuldades. Quero caminhar todos os dias com equilíbrio e certeza de que tudo está bem. Só espero o que é bom e não temo o que possa me acontecer. Tudo o que me sucede, mesmo que pareça mal, se converterá em bem porque não tenho o mal no meu dicionário.

É grande bem-estar olhar o futuro com segurança.

355

Faça um embrulho das tristezas, lamentações e desespero e jogue-o longe de você.

Tome esta decisão: **carregar lembrança amarga e desânimo é esforço inútil.** Vou fazer uma revolução em mim e criar ideias nobres, dilatada compreensão, real vontade de progredir e desfrutar de mais paz. Seja este o dia da minha faxina interior, com a remoção dos entulhos de negativismo e descrença ainda existentes em mim. É este o momento de utilizar minha força positiva. Sou valioso. Não devo levar comigo o que não vale nada. Penso mais adiante e ajo positivo desde já.

A faxina interior é o alívio da casa.

356

Ele era mestre em criticar.

Criticava tudo, a mulher, o patrão, o governo...

Ele só não criticava o jogo do bicho, a loteca, a cerveja... até que, certo dia, deparou-se com uma jovem, bastante ferida, caída na calçada, a pedir: "Socorra-me. Leve-me ao hospital. Graças a Deus você apareceu!"

Depois de socorrida, disse-lhe:

— Você foi um anjo benfeitor. Não tenho nada com que retribuir a não ser agradecer a você e a Deus. Nada reclamo do acidente, pois, se Deus o permitiu, deve significar algo de bom para mim. Tudo tem sentido, não é mesmo?

Ele sentiu uma alfinetada e compreendeu a lição.

357

Não ponha a culpa no mundo.

Diga para si mesmo: **não devo culpar o mundo e os outros pelos defeitos meus**. Defeitos, desânimo, descrença, são criações minhas apenas. São visões da vida. Eu aumento ou diminuo as pressões externas conforme me sinta fraco ou forte, nervoso ou calmo, mal ou bem intencionado. Daqui em diante, criarei resistência contra o mal, confiarei em mim e em Deus. Amarei mais. Serei nova pessoa. Não abrirei a boca para falar mal ou reclamar contra a vida. Serei feliz porque Deus me quer assim.

Cuidar de si é a sua maior obrigação.

358

Ele era feroz contra os defeitos alheios, apesar de honesto.

Por mais de uma vez lhe pediram amainar a violência porque ninguém gosta de ter as falhas apontadas.

Certa noite, em sonho, viu um homem de boa aparência que foi lhe dizendo:

— Mude de vida. Deixe de ser tão crítico. Você também tem defeitos.

— Mas eu nem o conheço! replicou.

— Eu sou o seu anjo da guarda. Resolvi aparecer para que me ouvisse. Cansei-me de falar ao seu pensamento.

Ele mudou.

Os anjos trabalham dobrado com os que não guardam a si mesmos.

359

Ó Deus! amplia a minha capacidade de entender as pessoas e os acontecimentos. Fortalece o meu espírito. Pousa a mão sobre o meu sentimento e inteligência para que eu penetre até onde não tenho conseguido, tenha mais paz e obtenha as mudanças profundas de que preciso.

Compreendo que, se criei em mim limitações, só eu posso rompê-las, encontrar minha verdadeira identidade, desfrutar de capacidades e talentos.

Agradeço-Te, do mais profundo do meu ser, os benefícios que venho recebendo, o prazer de vibrar, entender, amar e, como Tu não me abandonas, também não quero Te abandonar.

Obrigado, Deus.

360

Ante as pressões, conduza-se segundo estes pensamentos:

Nenhuma pressão pode me fazer abandonar os valores adquiridos, tornar-me mau, reles, infeliz. São minhas as decisões no erro. Eu decido, tenho a determinação, a direção, o pulso. Minha inteligência está pronta para atuar, não se justificando desculpas e escapismos. Busco as forças de amor e reação, paz e ânimo e sigo confiante, de olhos para o alto, firme, crendo que, como queira, posso fazer ou não fazer. Com isso, o futuro, a paz, a vitória são obras minhas, assim permitidas por Deus.

A força positiva domina a negativa.

361

Uma mulher mirava-se ao espelho e pensava:

— Estou envelhecendo, cabelos brancos, rugas... Não devo esperar muito da vida. Irei decair até a morte.

Preocupada, contou isso a sua melhor amiga, que lhe disse:

— Você fez mal. Volte para o espelho, olhe diretamente nos seus olhos e diga para si mesma. **"Sou forte. Sou saudável. Sou jovem. Dentro de mim estão forças capazes de mover o mundo. Tenho infinita alegria, paz e esperança".**

Assim ela fez e, novamente olhando-se ao espelho, não conseguiu encontrar os sinais da decadência.

362

Você sente conforme a posição em que se coloca.

Se preferir ver maldade, artimanha e mentira nos outros, ou os querer na obrigação de atendê-lo e amá-lo, entrará em contramão, desengano e dor.

Pense positivo.

Admire, na vida, a beleza; nas pessoas, as qualidades; nos acontecimentos, o imperativo de perfeição. Veja como da água surge a limpeza, da energia, a luz, da chuva, o revigoramento da terra, da semente, a planta, a flor, o alimento. Em tudo, equilíbrio e caminho para melhor.

Creia no Criador e a Ele agradeça as adversidades.

A melhor posição é a de amar.

363

Trate-se bem.

A sua realidade é a crença profunda do coração. Compreenda a si mesmo e compreenderá os outros, desperte o ânimo em si e o despertará nos outros.

Adapte o seu pensamento e as estruturas íntimas para bem atingir os objetivos, sabendo estarem dentro de você as soluções de que precisa e a verdade que busca, bastando agir e se esforçar.

Você faz o caminho, caminhando.

Não se detenha em, pessimismo e mesquinharias. Esforce-se. Busque. Ame. Compreenda. Você é mais do que pensa ser. Seu futuro é melhor do que imagina.

A sua força concretiza o melhor que espera.

364

Se você se desconsidera, como sentir a força da paz?

A paz, para se estabelecer, precisa ser desejada e considerada. Afirme do fundo do coração: **a minha paz é como a bolha de ar que procura a superfície da água**. Não devo impedi-la. Ela precisa que eu lhe abra a porta, mostre recepção, colabore. Eu preciso dela como o faminto do alimento, pois que é ativa e me supre de esperança e sentido de vida. Vou me valorizar, ver-me capaz, dinâmico, feliz, a fim de que a paz se estabeleça. Assumo, agora, o compromisso de caprichar no meu viver e me mostro diante de Deus, dando graças pelo que sou.

A paz pede licença para aparecer.

365

É chegado o final do ano e o momento de dizer:

Cheguei até aqui. Ainda não atingi o que queria, mas aproveitarei a oportunidade do novo ano. Sou como a fruta que, sendo o pé bem tratado, melhora o sabor. Vou me adubar com os bons pensamentos, boas ações, modificar o rumo antigo, edificar o futuro brilhante. Se antes eu era fel, azedume, tristeza, serei açúcar, paciência, amenidade, alegria. Estou em direção a melhorias. Agradeço ao pai todo-poderoso os dias que vivi e rogo generosas bênçãos para o ano que vai iniciar.

Cada um é fruto do que de si faz todo dia.

Pequeno livro de bolso que traz em seu conteúdo mensagens de otimismo e reflexão, despertando no leitor sentimentos de entusiasmo, alegria e encanto de viver. Nas páginas dessa obra, o leitor encontrará ainda um bálsamo reconfortante, sobretudo diante dos problemas e dificuldades que vivenciamos em nosso dia a dia.
8x11 cm | 160 páginas | Preces

17 3531.4444 | 17 99777.7413 | boanova@boanova.net

Apresenta inúmeras mensagens que nos estimulam a viver bem. Abrange todos os tipos de dificuldades do relacionamento humano, levando as pessoas a certificarem-se de que realmente é possível ser feliz, superando quaisquer empecilhos.

8x11 cm | 160 páginas | Preces

17 3531.4444 | 17 99777.7413 | boanova@boanova.net

Um livro para uso diário, rápido, fácil e direto. A finalidade é esclarecer as situações cotidianas, com enfoque de otimismo e reforma íntima. Esse é mais um título de Lourival Lopes, autor dos livros Otimismo Todo Dia, Gotas de Esperança e Sementesde Felicidade.
8x11 cm | 208 páginas | Mensagens

17 3531.4444 | 17 99777.7413 | boanova@boanova.net

Pequeno manual de auto-ajuda cujas lições inspiram o ânimo e a coragem. Seus textos são pérolas preciosas que estimulam no leitor a reflexão em torno da grandeza da Vida.

8x11 cm | 224 páginas | Preces

17 3531.4444 | 17 99777.7413 | boanova@boanova.net

Esse pequeno livro de bolso é um verdadeiro manual de auto-ajuda que pode ser lido ao acaso durante várias vezes ao dia. Em cada página, o leitor encontrará inesgotável fonte de otimismo, fé, ânimo e esperança, renovando-lhe as energias frente aos encontros e desencontros da vida.

7,5x11 cm | 272 páginas | Meditação

17 3531.4444 | 17 99777.7413 | boanova@boanova.net

Livro com uma mensagem para cada dia do ano.
Reflexões que promovem a reforma interior,
desenvolvendo qualidades que trazem bem-estar,
sabedoria e paz.

8x11 cm | 384 páginas | Meditação

17 3531.4444 | 17 99777.7413 | boanova@boanova.net

Apresenta inúmeras mensagens que estimulam a viver bem. Abrange todos os tipos de dificuldades do relacionamento humano, levando as pessoas a certificarem-se de que realmente é possível ser feliz, superando quaisquer empecilhos.

7,5x11 cm | 256 páginas | Meditação

17 3531.4444 | 17 99777.7413 | boanova@boanova.net

Esse pequeno livro de bolso é um verdadeiro manual de auto-ajuda que pode ser lido ao acaso durante várias vezes ao dia. Em cada página, o leitor encontrará inesgotável fonte de otimismo, fé, ânimo e esperança, renovando-lhe as energias frente aos encontros e desencontros da vida.
7,5x11 cm | 256 páginas | Mensagens

17 3531.4444 | 17 99777.7413 | boanova@boanova.net

Apresenta inúmeras mensagens que estimulam a viver bem. Abrange todos os tipos de dificuldades do relacionamento humano, levando as pessoas a certificarem-se de que realmente é possível ser feliz, superando quaisquer empecilhos.

7,5x11 cm | 384 páginas | Mensagens

17 3531.4444 | 17 99777.7413 | boanova@boanova.net

Neste livro, com base em pequenos trechos bíblicos, que abrem os capítulos, você poderá ler mensagens otimistas, conselhos de perdão e amor. Seja lido em sequência, ou aberto aleatoriamente ao se mentalizar uma questão em particular, O amor é a cura será uma fonte de luz, harmonia e bem-estar para seu espírito.
9x13 cm | 240 páginas | Mensagens

17 3531.4444 | 17 99777.7413 | boanova@boanova.net

Av. Porto Ferreira, 1031
Parque Iracema
CEP 15809-020
Catanduva-SP

www.boanova.net
boanova@boanova.net

 17 3531.4444

 17 99777.7413

 @boanovaed

 boanovaed

 boanovaeditora

Acesse nossa loja

Fale pelo whatsapp